STE

LE ROUGE

CW01660193

Rédacteur : Jan A. Verschoor
Illustrations : Kim Broström

EASY READERS · ER · LECTURES FACILES

Les structures et le vocabulaire de ce livre sont fondés sur une comparaison des ouvrages suivants :
Börje Schlyter : Centrala Ordförrådet i Franskan
Albert Raasch : Das VHS-Zertifikat für Französisch
Etudes Françaises – Echanges
Sten-Gunnar Hellström, Sven G. Johansson : On parle français
Ulla Brodow, Thérèse Durand : On y va

Rédacteur de serie : Ulla Malmmose

Dessin de la couverture : Mette Plesner

Illustration de couverture : Kim Broström

© 1994 ASCHEHOUG A/S (Egmont)
ISBN Danemark 87-11-08826-5
www.easyreader.dk

Imprimé au Danemark par
Sangill Grafisk Produktion, Holme Olstrup

STENDHAL (1783–1842)

Henri Beyle, dit Stendhal, a passé une grande partie de sa vie en Italie, où il fut nommé consul en 1830. Il a connu successivement la Révolution, l'Empire et la Restauration : l'histoire de son temps a marqué profondément le destin des héros de ses romans. Ainsi Julien Sorel (*Le Rouge et le Noir*) lit le MEMORIAL DE SAINTE-HELENE, et Fabrice del Dongo participe à la bataille de Waterloo (*La Chartreuse de Parme*).

L'Empire (Napoléon meurt en 1821) fait naître le roman *Le Rouge et le Noir*, et l'Italie inspire *La Chartreuse de Parme*.

Quelques autres ouvrages de Stendhal : *De l'Amour* (1820) ; *Armance* (1827) ; (Le Rouge et le Noir, 1830) ; *Souvenirs d'égotisme* (1832) ; *Lucien Leuwen* (1834) ; *La Vie de Henri Brulard* (1835) ; (La Chartreuse de Parme, 1839) ; *L'Abbesse de Castro* (1839) ; *Lamiel* (posthume).

Stendhal est un auteur romantique et réaliste à la fois, il pratique le culte de l'*individualisme*, le culte du *moi* et le culte de l'*énergie*. La réalité pour lui, c'est surtout représenter des âmes réagissant contre les événements. Mais il représente surtout l'importance de l'analyse psychologique : le psychologue l'emporte toujours sur le réaliste.

Dans *Le Rouge et le Noir* Stendhal a voulu donner un exemple d'énergie « dans les hautes classes » par son héros Julien Sorel. Il a avoué que Julien Sorel passe pour être son propre portrait.

Introduction

La première partie de ce roman nous montre Julien Sorel, âgé de dix-huit ans et se préparant au « bel état de prêtre qui mène à tout ». Le modèle de ce jeune homme froidement ambitieux est Napoléon Bonaparte. Il est chargé de l'éducation et de l'instruction des trois enfants de Mme de Rênal. Révoltée par la bassesse des hommes de son entourage qui ne pensent qu'à l'argent, et comparant Julien à son mari, cette femme se laisse fasciner par l'orgueil et l'arrogance du jeune homme. Julien désire d'abord attirer Mme de Rênal par ambition, mais peu à peu cette ambition passe à l'amour.

Malheureusement l'inquiétude de Mme de Rênal devient plus grande que sa passion et elle finit par regretter son amour pour Julien quand un de ses enfants tombe malade. En outre M. de Rênal reçoit une lettre anonyme et commence à soupçonner quelque chose. Julien doit partir et il se rend à Besançon pour y aller au *séminaire* placé sous la direction de l'*abbé* Pirard. Isolé au milieu de ses camarades, il s'exerce à l'hypocrisie. Finalement il quitte le séminaire et c'est grâce à l'abbé Pirard qu'il va être secrétaire du marquis de la Mole.

C'est ici que commence la deuxième partie du roman dont on trouvera le texte dans ces pages.

un séminaire, un établissement où l'on forme l'esprit des futurs prêtres
un abbé, un prêtre

I

– Monsieur vient sans doute attendre la *malle-poste* de Paris ? lui dit le maître d'une *auberge* où il s'arrêta pour déjeuner.

– Celle d'aujourd'hui ou celle de demain, peu m'importe, dit Julien.

La malle-poste arriva. Il y avait deux places libres.

– Quoi ! c'est toi, mon pauvre Falcoz, dit le voyageur qui arrivait du côté de Genève à celui qui montait en voiture en même temps que Julien.

– Je te croyais établi aux environs de Lyon, dit Falcoz, dans une délicieuse vallée près du Rhône.

– Joliment établi ! Je fuis ! Je fuis l'*abominable* vie que l'on mène en province. J'aime la fraîcheur des bois et la *tranquillité champêtre*, comme tu sais. Je ne voulais de la vie entendre parler politique, et la politique me chasse ! J'aime la musique, la *peinture* ; un bon livre est un événement pour moi ; je vais avoir quarante-quatre ans. Que me reste-t-il à vivre ? Quinze, vingt, trente ans tout au plus.

– Au fait, au fait, Saint-Giraud. Sont-ce les dernières *élections* qui te chassent de ta province ?

– Mon mal vient de plus loin. A Paris, j'étais *las* de cette comédie *perpétuelle*, à laquelle oblige ce que vous

la malle-poste (ancienn.), la voiture des services postaux
une auberge, un hôtel très simple
abominable, horrible ; affreux
la tranquillité champêtre, le repos de la campagne
la peinture, l'art de peindre
une élection, le choix d'une ou plusieurs personnes par un vote
las, fatigué
perpétuel, qui ne cesse jamais

appelez la civilisation du XIXe siècle. J'achète une terre dans les montagnes près du Rhône, rien d'aussi beau sous le ciel. J'ai quitté Paris pour de ma vie ne parler ni entendre parler politique. Bientôt je *suis en butte à* mille demandes indiscrètes. Je refuse: alors on me fait cent *insultes*. Je ne puis plus sortir le matin pour aller jouir de la beauté de nos montagnes, sans trouver quelque *ennui* qui me rappelle les hommes et leur *méchanceté*.

– Tu veux vivre à la campagne sans servir les passions de tes voisins. Quelle faute ! ...

– Enfin elle est réparée. Je suis tout joyeux. Je vais chercher la paix champêtre au seul lieu où elle existe en France, dans un quatrième étage, *donnant sur* les Champs-Elysées.

– Tout cela ne te *fût* pas arrivé sous Bonaparte, dit Falcoz avec des yeux brillants de regret.

– A *la bonne heure* ! Mais pourquoi n'a-t-il pas su se tenir en place, ton Bonaparte ? Tout ce dont je souffre aujourd'hui, c'est lui qui l'a fait.

un cabriolet

être en butte à, être exposé à
une insulte, parole ou acte qui blesse l'honneur de quelqu'un
l'ennui (m.), la difficulté ; le souci
la méchanceté, caractère d'une personne méchante
donner sur, avoir vue sur
fût, serait
à la bonne heure, soit ; d'accord

– Ah ! ne dis pas de mal de lui, s'écria Falcoz, il y avait de la grandeur dans tout ce qu'il faisait.

Cette conversation d'une sombre politique étonnait Julien. Il fut réveillé de sa rêverie profonde, parce que la voiture s'arrêta. On venait d'entrer dans la cour des postes, rue J.-J. Rousseau.

– Je veux aller à la Malmaison, dit-il à un *cabriolet* qui s'approcha.

II

Le soir, Julien hésita beaucoup avant d'entrer au spectacle, il avait des idées étranges sur ce lieu.

Le soir du troisième jour, la curiosité *l'emporta sur* le projet de tout voir avant de se présenter à l'abbé Pirard. Cet abbé lui expliqua, d'un ton froid, le genre de vie qui l'attendait chez M. de La Mole.

– Si au bout de quelques mois vous n'êtes pas utile, vous rentrerez au séminaire. Vous allez *loger* chez le marquis, l'un des plus grands *seigneurs* de France. Vous porterez l'habit noir. J'exige que, trois fois la semaine, vous suiviez vos études en théologie, dans un séminaire, où je vous ferai présenter. Chaque jour, à midi, vous vous établirez dans la bibliothèque du marquis, qui compte vous employer à faire des lettres pour des procès et d'autres affaires. Le soir, à huit heures, vous mettrez son bureau en ordre, et à dix heures vous serez libre. Le

l'emporter sur, triompher de ; être plus fort que
loger, demeurer ; habiter ; vivre // installer ; mettre
un seigneur, une personne noble de haut rang

marquis vous donne, pour commencer, cent *louis d'appointements*. S'il est content, vos appointements pourront s'élever jusqu'à huit mille francs ... J'oubliais la famille de M. de La Mole. Il a deux enfants, une fille et un fils de dix-neuf ans, élégant, espèce de fou, qui ne sait jamais à midi ce qu'il fera à deux heures. Il a de l'esprit, de la *bravoure*; il a fait la guerre d'Espagne. Le marquis espère, je ne sais pourquoi, que vous deviendrez l'ami du *comte* Norbert. J'ai dit que vous étiez un grand latiniste, peut-être compte-t-il que vous apprendrez à son fils quelques phrases toutes faites, sur Cicéron et Virgile. A votre place, je ne me laisserais jamais plaisanter par ce beau jeune homme. Je ne vous cacherai pas que le jeune comte de La Mole doit vous *mépriser* d'abord, parce que vous n'êtes qu'un petit bourgeois. Vous, vous êtes le fils d'un *charpentier* de Verrières. Pesez bien ces différences, et étudiez l'histoire de cette famille dans Moreri. Vous n'avez pas d'idée de ce mépris-là; il ne se montrera que par des compliments exagérés. Si vous étiez un *sot*, vous pourriez vous y laisser prendre; si vous vouliez faire fortune, vous devriez vous y laisser prendre.

Le fait est que l'abbé se faisait un scrupule de conscience d'aimer Julien, et c'est avec une sorte de terreur religieuse qu'il se mêlait aussi directement du sort d'un autre.

un louis, ancienne monnaie d'or
les appointements (m.), le salaire
la bravoure, le courage
le comte, un titre de noblesse
mépriser, estimer indigne d'attention ou d'intérêt
un charpentier, celui qui fait tenir ensemble des pièces de bois ou de métal pour soutenir une construction
un sot, un idiot; un imbécile

– Vous verrez encore, ajouta-t-il avec la même mauvaise grâce, Mme la marquise de La Mole. C'est une grande femme blonde, *dévote*, *hautaine*, parfaitement polie, et encore plus *insignifiante*. Elle baisse la voix par respect toutes les fois qu'elle nomme un prince et surtout une princesse. Je ne vous conseillerais pas de dire devant elle que Philippe II ou Henri VIII furent des monstres. Ils ont été ROIS, ce qui donne des droits aux respects d'êtres sans naissance, tels que vous et moi. Cependant, ajouta M. Pirard, nous sommes prêtres, car elle vous prendra pour tel. Elle nous considère comme des *valets* de chambre nécessaires à son salut.

– Monsieur, dit Julien, il me semble que je ne serai pas longtemps à Paris.

– A la bonne heure; mais remarquez qu'il n'y a de fortune, pour un homme de notre robe, que par les grands seigneurs. Que de pauvres abbés plus *savants* que vous, ont vécu des années à Paris, avec les quinze sous de leur messe et les dix sous de leurs arguments en Sorbonne ! Si les *hauteurs* de la marquise, ou les mauvaises plaisanteries de son fils, vous rendent cette maison *insupportable*, je vous conseille de finir vos études dans quelque séminaire à trente *lieues* de Paris, et plutôt au nord qu'au *midi*. Il y a au nord plus de civilisation et moins d'injustices. Si

dévot, très attaché à la religion
hautain, qui montre un orgueil autoritaire
insignifiant, qui ne présente aucun intérêt ; le contraire d'important
un valet, un domestique servant dans une maison
savant, qui a beaucoup de connaissances dans les sciences
la hauteur, ici : l'arrogance
insupportable, qu'on ne peut supporter
une lieue, environ quatre kilomètres
le midi, le sud de la France

nous continuons à trouver du plaisir à nous voir, et que la maison du marquis ne vous convienne pas, je vous offre la place de mon *vicaire*.

A sa grande honte, Julien se sentit les larmes aux yeux; il ne put s'empêcher de lui dire:

– Je ne me plaindrai plus du hasard, j'ai retrouvé un père en vous, monsieur.

– C'est bon, c'est bon, dit l'abbé embarrassé.

Le *fiacre* s'arrêta: c'était l'*HOTEL* DE LA MOLE.

un fiacre

III

Julien s'arrêta *ébahi* au milieu de la cour.

Les salons que ces messieurs traversèrent au premier étage, avant d'arriver au cabinet du marquis, vous *eussent* semblé, ô mon *lecteur*, aussi tristes que magnifiques. Enfin ils arrivèrent à la plus laide des pièces de ce *superbe* appartement. Là, se trouva un petit homme maigre, à l'oeil vif. L'abbé se retourna vers Julien et le présenta.

un vicaire, un prêtre associé à un curé
un hôtel (ancienn.), la maison d'un grand seigneur
ébahi, très étonné
eussent, auraient
un lecteur, une personne qui lit
superbe, magnifique

C'était le marquis. Julien ne fut point du tout intimidé. Le marquis était fort maigre et s'agitait beaucoup. Mais Julien remarqua bientôt qu'il avait une politesse agréable.

L'*audience* ne dura pas trois minutes.

On était remonté en fiacre ; le *cocher* arrêta près du boulevard ; l'abbé introduisit Julien dans une suite de grands salons. Julien remarqua qu'il n'y avait pas de meubles.

– Je vous rends votre liberté pour deux jours, lui dit l'abbé en sortant ; c'est alors seulement que vous pourrez être présenté à madame de La Mole. Après-demain le tailleur vous portera deux habits ; vous donnerez cinq francs au garçon qui vous les essaiera. Ne faites pas connaître le son de votre voix à ces Parisiens-là. Si vous dites un mot, ils trouveront le secret de se moquer de vous. C'est leur talent. Après-demain soyez chez moi à midi. J'oubliais, allez commander des bottes, des chemises, un chapeau aux adresses que voici.

Julien regardait l'*écriture* de ces adresses.

– C'est la main du marquis, dit l'abbé. C'est un homme actif qui prévoit tout, et qui aime mieux faire que commander. Aurez-vous assez d'esprit pour bien exécuter toutes les choses que cet homme vif vous indiquera à demi-mot ? C'est ce que montrera l'*avenir*.

Le surlendemain, à midi, Julien se présenta à l'abbé Pirard, qui le regarda beaucoup.

l'audience (f.), le fait de recevoir quelqu'un pour l'écouter
un cocher, celui qui conduit une voiture à cheval
l'écriture, ici : une manière particulière d'écrire
l'avenir, le temps futur
le surlendemain, le jour qui suit le lendemain

– Vous allez peut-être devenir un *fat*, lui dit l'abbé. Julien était à la vérité très bien, mais le bon abbé était trop provincial lui-même pour voir que Julien avait encore cette *démarche* des épaules qui en province est *à la fois* élégance et importance.

Le marquis alla lui-même installer notre *héros* dans une jolie *mansarde* qui donnait sur l'*immense* jardin de l'hôtel. Peu de minutes après, Julien se trouva seul dans une bibliothèque magnifique; ce moment fut délicieux. Je pourrai lire tout cela, se disait-il.

Mais, voyons les copies à faire. Une heure après, le marquis entra, regarda les copies, et remarqua avec étonnement que Julien écrivait CELA avec deux LL, CELLA. Il lui dit avec douceur:

– CELA ne s'écrit qu'avec une L; quand vos copies seront terminées, cherchez dans le dictionnaire les mots desquels vous ne serez pas sûr.

A six heures, le marquis le fit demander. Il le présenta à une femme de haute taille et d'un aspect *imposant*. C'était la marquise, Julien lui trouva l'air *impertinent*. Il n'entendit pas ce que disait M. de La Mole.

Les hommes réunis dans ce salon semblèrent à Julien avoir quelque chose de triste; on parle bas à Paris, et l'on n'exagère pas les petites choses.

un fat, une personne qui montre sa prétention de façon exagérée
la démarche, la manière de marcher; ici: le mouvement
à la fois, en même temps
le héros, ici: le personnage principal du roman
une mansarde, une chambre sous le toit
immense, très grand; énorme
imposant, majestueux; qui impressionne par la grandeur
impertinent, qui manque de respect; insolent

Un joli jeune homme, avec des moustaches, très pâle, entra vers les six heures et demie; il avait une tête *fort* petite.

– Vous vous ferez toujours attendre, dit la marquise, à laquelle il *baisait* la main.

Julien comprit que c'était le comte de La Mole, il le trouva charmant. Il remarqua qu'il était en bottes: et moi je dois être en souliers, *apparemment* comme inférieur. On se mit à table. Julien entendit la marquise qui disait un mot *sévère* en élevant un peu la voix. Presque en même temps il aperçut une jeune personne, extrêmement blonde et fort bien faite, qui vint s'asseoir vis-à-vis de lui. Elle *ne* lui plut *point*; cependant en la regardant attentivement, il pensa qu'il n'avait jamais vu des yeux aussi beaux; mais ils annonçaient une grande froideur d'âme. Vers la fin du repas, Julien trouva un mot pour exprimer le genre de beauté des yeux de mademoiselle de La Mole: ils sont *scintillants*, se dit-il. Julien trouva que le marquis avait l'air de s'ennuyer.

Vers le second service, il dit à son fils:

– Norbert, je te demande tes bontés pour M. Julien Sorel dont je prétends faire un homme, si CELLA se peut.

– C'est mon secrétaire, dit le marquis à son voisin, et il écrit CELA avec deux LL.

fort, ici: très
baiser, poser sa bouche sur
apparemment, visiblement
sévère, dur; autoritaire
ne ... point, ne ... pas du tout
scintillant, qui brille par éclat

Il fallait que le marquis eût parlé du genre d'éducation que Julien avait reçue, car un des *convives* l'attaqua sur *Horace*. Julien fut maître de lui, il répondit en inventant ses idées, et perdit assez de sa *timidité* pour montrer, non pas de l'esprit, chose impossible à qui ne sait pas la langue dont on se sert à Paris, mais il eut des idées nouvelles *quoique* présentées sans grâce ni à propos, et l'on vit qu'il savait parfaitement le latin.

L'*adversaire* de Julien était un académicien qui, par hasard, savait le latin; il trouva en Julien un très bon humaniste.

Lorsque l'on fut las de parler de poètes, la marquise qui se faisait une loi d'admirer tout ce qui amusait son mari, *daigna* regarder Julien. Les manières gauches de ce jeune abbé cachent peut-être un homme *instruit*, dit à la marquise l'académicien qui se trouvait près d'elle; et Julien en entendit quelque chose. Les phrases toutes faites convenaient assez à l'esprit de la maîtresse de la maison; elle *adopta* celle-ci sur Julien, et *se sut bon gré* d'avoir engagé l'académicien à dîner. Il amuse M. de La Mole, pensait-elle.

un(e) convive, une personne invitée à un repas avec d'autres
((*Horace*, célèbre poète latin (65–8 avant Jésus-Christ))
la timidité, le manque de décision, d'assurance; le caractère d'être timide
quoique, bien que; malgré que
un adversaire, une personne opposée à une autre dans un combat ou dans un jeu
daigner, avoir la bonté de
instruit, qui a beaucoup de connaissances
adopter, ici: choisir; faire sienne
se savoir bon gré, être satisfait de soi

IV

Le lendemain Julien faisait des copies de lettres, dans la bibliothèque, lorsque mademoiselle Mathilde y entra par une petite porte bien cachée avec des dos de livres. Mathilde paraissait étonnée et assez *contrariée* de le rencontrer là. Mademoiselle de La Mole avait le secret de voler des livres dans la bibliothèque de son père. La présence de Julien rendait inutile sa course de ce matin. Cette pauvre fille, à dix-neuf ans, avait déjà besoin du piquant de l'esprit pour s'intéresser à un roman.

Le comte Norbert parut dans la bibliothèque vers les trois heures ; il venait étudier un journal, pour pouvoir parler politique le soir, et *fut bien aise* de rencontrer Julien, dont il avait oublié l'existence. Il fut parfait pour lui ; il lui offrit de monter à cheval.

– Mon père nous donne congé jusqu'au dîner.

Julien comprit ce NOUS et le trouva charmant.

– Mon Dieu, monsieur le comte, dit Julien, monter à cheval ne m'est pas arrivé six fois en ma vie.

– Eh bien, ce sera la septième, dit Norbert.

En revenant du bois de Boulogne, au beau milieu de la rue du Bac, Julien tomba, en voulant éviter brusquement un cabriolet. Au dîner, le marquis lui demanda des nouvelles de sa promenade.

– Monsieur le comte est plein de bontés pour moi, je l'en remercie. Il a daigné me faire donner le cheval le plus doux et le plus joli, mais enfin il ne pouvait pas m'y attacher et je suis tombé au beau milieu de cette rue si longue, près du pont.

contrarier, gêner ; choquer
être bien aise, être content

Mademoiselle Mathilde essaya *en vain* de *dissimuler* un éclat de rire, ensuite son indiscrétion demanda des détails. Julien s'en tira *avec beaucoup de simplicité* ; il eut de la grâce sans le savoir.

A la fin du dîner, mademoiselle Mathilde faisait des questions à son frère sur les détails de l'événement malheureux. Julien osa répondre directement, quoiqu'il ne fût pas interrogé, et tous trois finirent par rire, comme auraient pu faire trois jeunes habitants d'un village au fond d'un bois.

Le lendemain, à quatre heures, Julien osa paraître chez le comte Norbert. Celui-ci allait monter à cheval, et fut embarrassé, car il était parfaitement poli.

– Je pense, dit-il à Julien, que bientôt, après quelques semaines, je serai *ravi* de monter à cheval avec vous.

– Je voulais avoir l'honneur de vous remercier des bontés que vous avez eues pour moi ; croyez-moi, monsieur, ajouta Julien fort sérieux, que je sens tout ce que je vous dois. Si votre cheval n'est pas blessé et s'il est libre, je désirerais le monter ce matin.

– *Ma foi*, mon cher Sorel, le fait est qu'il est quatre heures, nous n'avons pas de temps à perdre.

Une fois qu'il fut à cheval :

– Que faut-il faire pour ne pas tomber ? dit Julien au jeune comte.

– Bien des choses, répondit Norbert en riant aux éclats : par exemple, tenir le corps en arrière.

(en) vain, sans résultat
dissimuler, cacher
avec beaucoup de simplicité, d'une façon très simple
ravi, très content ; très enthousiaste
ma foi, une formule banale qui appuie ce qu'on dit

Vingt fois Norbert vit Julien sur le point de tomber ; mais enfin la promenade finit sans accident.

Malgré tant de bonté, Julien se sentit bientôt parfaitement isolé au milieu de cette famille. Tous les usages lui semblaient singuliers, et il manquait à tous. Ses *bévues* faisaient la joie des valets de chambre.

Pour que je puisse m'y reconnaître, il faut, se dit Julien, que j'écrive les noms et un mot sur le caractère des personnages que je vois arriver dans ce salon.

Il plaça en première ligne cinq ou six amis de la maison, qui lui faisaient la cour à tout hasard, le croyant protégé par le marquis. Si les cinq ou six *complaisants* eussent déserté l'hôtel de La Mole, la marquise eût été exposée à de grands moments de *solitude* ; et, aux yeux des femmes de ce rang, la solitude est *affreuse*.

Le marquis était parfait pour sa femme ; il veillait à ce que son salon *fût* suffisamment *garni*.

Tel est encore, même dans ce siècle ennuyé, l'*empire* de la nécessité de s'amuser que même les jours de dîners, à peine le marquis avait-il quitté le salon, que tout le monde *s'enfuyait*. Pourvu qu'on ne *plaisantât* ni de Dieu, ni des prêtres, ni du roi, ni des gens en place, ni des artistes protégés par la cour, ni de tout ce qui est établi ; pourvu surtout qu'on ne parlât jamais politique, on pouvait librement *raisonner* de tout.

une bévue, une faute ; une erreur ; une bêtise
complaisant, aimable ; bienveillant
la solitude, la situation d'une personne qui est seule
affreux, terrible ; horrible ; dégoûtant
être garni, avoir tout ce qui est nécessaire
l'empire (m.), le pouvoir ; la forte influence
s'enfuir, se sauver
plaisantât, plaisante
raisonner, discuter

La moindre idée vive semblait une *grossièreté*. Malgré le bon ton, la politesse parfaite, l'envie d'être agréable, l'ennui se lisait sur tous les fronts. Les jeunes gens qui venaient *rendre des devoirs*, ayant peur de parler de quelque chose qui fit soupçonner une pensée, ou de *trahir* quelque lecture *prohibée*, se taisaient après quelques mots bien élégants sur Rossini et le temps qu'il faisait.

Au milieu de cet ennui, Julien ne s'intéressait à rien qu'à M. de La Mole.

Un matin que l'abbé travaillait avec Julien dans la bibliothèque du marquis :

– Monsieur, dîner tous les jours avec madame la marquise, est-ce un de mes devoirs, ou est-ce une bonté que l'on a pour moi ?

– C'est un honneur ! reprit l'abbé scandalisé.

– C'est pour moi, monsieur, la partie la plus pénible de mon emploi. Je vois *bâiller* quelquefois jusqu'à mademoiselle de La Mole. J'ai peur de m'endormir.

L'abbé, véritable *parvenu*, était fort sensible à l'honneur de dîner avec un grand seigneur.

Pendant qu'il s'efforçait de faire comprendre ce sentiment par Julien, un bruit léger leur fit tourner la tête. Julien vit mademoiselle de La Mole qui écoutait. Il rougit. Elle était venue chercher un livre et avait tout entendu. Celui-là n'est pas né à genoux, pensa-t-elle, comme ce vieil abbé. Dieu ! qu'il est laid !

une grossièreté, le contraire de raffinement
rendre des devoirs, rendre hommage ; présenter ses respects
trahir, ici : laisser deviner
prohiber, interdire
bâiller, voir illustration page 20
un parvenu, une personne qui est devenue riche, mais qui a de mauvaises manières

Mademoiselle de la Mole bâille pendant le dîner

A dîner, Julien n'osait pas regarder mademoiselle de La Mole, mais elle eut la bonté de lui adresser la parole. Ce jour-là, on attendait beaucoup de monde, elle l'engagea à rester. Là, se trouvaient le *marquis* de Croisenois, le comte de Caylus, le *vicomte* de Luz et deux ou trois autres jeunes officiers, amis de Norbert ou de sa soeur. Ces messieurs s'asseyaient sur un grand *canapé* bleu. A l'*extrémité* du canapé, opposée à celle qu'occupait la brillante Mathilde, Julien était placé silencieusement sur une petite chaise de paille assez basse. Ce poste modeste était *envié* par tous les complaisants. On peut juger si Julien était attentif; tout l'intéressait, et le fond des choses et la manière d'en plaisanter.

le marquis; *le vicomte*, des titres de noblesse
l'extrémité (f.), la partie qui termine; le bout
envier, regretter de ne pas avoir

Julien ne voyait, dans les propos de ces jeunes gens, que le ton de *dénigrement* général, et en était choqué.

Passant inaperçu à cause de son peu d'importance, Julien s'approcha successivement de plusieurs groupes.

– Quelle figure a cet abbé Pirard ! disait mademoiselle de La Mole. Julien se sentit irrité, mais pourtant elle avait raison.

L'abbé Pirard fit signe de loin à Julien ; M. de La Mole venait de lui dire un mot.

– Le marquis n'aime pas les *écrivailleurs*, je vous en avertis ; c'est sa seule antipathie. Sachez le latin, le grec, si vous pouvez, l'histoire des Egyptiens, des Perses, etc. ..., il vous *honorera* et vous protégera comme un savant. Mais n'allez pas écrire une page en français, et surtout sur des matières graves et au-dessus de votre position dans le monde, il vous appellerait écrivailleur.

Tout se sait, pensa Julien, ici comme au séminaire ! Il avait écrit huit ou dix pages assez *emphatiques*. Il monta chez lui, brûla son manuscrit, et revint au salon.

Mademoiselle de La Mole était occupée avec ses amis à se moquer du malheureux comte de Thaler. C'était le

un canapé

le dénigrement, l'action d'attaquer la réputation de quelqu'un
un écrivailleur, un auteur qui écrit beaucoup, mais sans talent
honorer, traiter avec respect
emphatique, le contraire de simple

fils unique de ce fameux *juif* qui venait de mourir laissant à son fils cent mille *écus* de *rente* par mois, et un nom, hélas, trop connu !

– Ah ! ne l'*accusez* pas d'avoir une volonté, disait Norbert.

Ainsi, pensait Julien en les entendant rire, il m'a été donné de voir l'autre extrême de ma situation ! Je n'ai pas vingt louis de rente, et je me suis trouvé côte à côte avec un homme qui a vingt louis de rente par heure, et l'on se moquait de lui ... Une telle vue guérit de l'envie.

V

Après plusieurs mois d'épreuves, voici où en était Julien. M. de La Mole l'avait chargé de suivre l'administration de ses terres en Bretagne et en Normandie. Julien y faisait de fréquents voyages.

A l'école de théologie, ses professeurs se plaignaient de son peu d'*assiduité*, mais ne l'en regardaient pas moins comme un de leurs élèves les plus distingués. Ces différents travaux avaient bien vite enlevé à Julien les fraîches couleurs qu'il avait apportées de la province. Sa pâleur était un mérite aux yeux des jeunes séminaristes ses camarades ; il les trouvait beaucoup moins méchants, beaucoup moins à genoux devant un écu que ceux de Besançon.

un juif, qui appartient au peuple d'Israël
un écu, ancienne monnaie française
la rente, ici : le salaire
accuser quelqu'un, le présenter comme coupable
l'assiduité (f.), ici : la qualité d'être régulier dans ses études

Le marquis lui avait donné un cheval. Craignant d'être rencontré dans ses courses à cheval, Julien leur avait dit que cet exercice lui était *prescrit* par les médecins.

Julien était en froid avec le jeune comte. Norbert avait trouvé qu'il répondait trop vivement aux plaisanteries de quelques-uns de ses amis. Julien, ayant manqué une ou deux fois aux *convenances*, s'était prescrit de ne jamais adresser la parole à mademoiselle Mathilde.

Sans doute on peut reprocher à la province un ton commun ou peu poli ; mais on se passionne un peu en vous répondant. Jamais à l'hôtel de La Mole l'*amour-propre* de Julien n'était blessé ; mais souvent, à la fin de la journée, il se sentait l'envie de pleurer. A Paris, on a l'attention de se cacher pour rire, mais vous êtes toujours un étranger.

Peu à peu le marquis confia à Julien la suite de toutes les affaires difficiles à débrouiller. Il avait besoin d'un chef d'*état-major* qui *mît* un ordre clair et facile à saisir dans toutes ses affaires d'argent.

Depuis six semaines le marquis était retenu chez lui par une attaque de *goutte*.

Mademoiselle de La Mole et sa mère étaient à Hyères, auprès de la mère de la marquise. Le comte Norbert ne voyait son père que des instants ; ils étaient fort bien l'un pour l'autre, mais n'avaient rien à se dire. M. de La Mole, réduit à Julien, fut étonné de lui trouver des idées. Il se

prescrire, ordonner ; commander
les convenances (f.), ce qui est en accord avec les usages
l'amour-propre, le sentiment de la valeur personnelle
l'état-major (m.), l'ensemble des personnages les plus importants d'un groupe
mît, mette
la goutte, une sorte de rhumatisme

faisait lire les journaux. Bientôt le jeune secrétaire fut en état de choisir les passages intéressants.

Un jour le marquis dit avec ce ton de politesse excessive qui souvent impatientait Julien :

– Permettez, mon cher Sorel, que je vous fasse cadeau d'un habit bleu : quand il vous conviendra de le prendre et de venir chez moi, vous serez, à mes yeux, le frère *cadet* du comte de Chaulnes, c'est-à-dire le fils de mon ami le vieux *duc*.

Julien ne comprenait pas trop de quoi il s'agissait ; le soir même il essaya une visite en habit bleu. Le marquis le traita comme un égal. Julien avait un coeur digne de sentir la vraie politesse, mais il n'avait pas d'idée des nuances. Quel admirable talent ! se dit Julien ; quand il se leva pour sortir, le marquis lui fit des excuses de ne pouvoir l'accompagner à cause de sa goutte.

Le lendemain matin Julien se présenta au marquis, en habit noir, avec son portefeuille et ses lettres à signer. Il en fut reçu à l'ancienne manière. Le soir en habit bleu, ce fut un ton tout différent et absolument aussi poli que la veille.

– Puisque vous ne vous ennuyez pas trop dans les visites que vous avez la bonté de faire à un pauvre *vieillard* malade, lui dit le marquis, il faudrait lui parler de tous les petits *incidents* de votre vie, mais franchement et sans songer à autre chose qu'à raconter clairement et d'une façon amusante. Car il faut s'amuser, continua le marquis ; il n'y a que cela de réel dans la vie.

cadet, plus jeune
un duc, un titre de noblesse
un vieillard, un homme très âgé
un incident, un petit événement imprévu qui trouble le cours d'une action, d'une affaire

Puisqu'on lui demandait la vérité, Julien résolut de tout dire. Ce fut l'époque d'une *franchise* parfaite dans les relations entre le maître et le protégé.

M. de La Mole s'intéressa à ce caractère singulier. Bientôt il trouva plus d'intérêt à corriger tout doucement les fausses manières de voir de ce jeune homme. Les autres provinciaux qui arrivent à Paris admirent tout, pensait le marquis ; celui-ci *hait* tout.

L'attaque de goutte fut prolongée par les grands froids de l'hiver et dura plusieurs mois. Pourquoi ai-je tant de honte de m'attacher à ce petit abbé ? Il est original. Cette fantaisie, si elle dure, me coûtera un diamant de cinq cents louis dans mon testament.

la franchise, qualité de celui (celle) qui est franc (franche)
haïr, le contraire d'aimer

Une fois que le marquis eut compris le caractère *ferme* de son protégé, chaque jour il le chargeait de quelque nouvelle affaire.

– Prenez trois mille francs pour vous, dit-il un jour à son jeune *ministre*.

Le soir, lorsque Julien paraissait en habit bleu, il n'était jamais question d'affaires. Les bontés du marquis étaient si *flatteuses* pour l'amour-propre toujours souffrant de notre héros, que bientôt, malgré lui, il éprouva une sorte d'attachement pour ce vieillard aimable.

Un jour, à la fin d'une audience du matin, en habit noir et pour les affaires, Julien amusa le marquis, qui le retint deux heures, et voulut absolument lui donner quelques billets de banque.

– J'espère, monsieur le marquis, ne pas m'écarter du profond respect que je vous dois en vous *suppliant* de me permettre un mot.

– Parlez, mon ami.

– Que monsieur le marquis daigne souffrir que je refuse ce *don*. Ce n'est pas à l'homme en habit noir qu'il est adressé, et il *gâterait* tout à fait les façons que l'on a la bonté de tolérer chez l'homme en habit bleu. Il salua avec beaucoup de respect, et sortit sans regarder.

Ce trait amusa le marquis. Son *procédé* est noble, pensa le marquis, et moi je l'*anoblis*.

ferme, énergique ; qui ne se laisse pas influencer
le ministre, ici : celui qui est chargé d'une fonction
flatteur, agréable
supplier, prier d'une manière pressante
le don, la chose donnée
gâter, ici : diminuer ; troubler
le procédé, la façon d'agir ; la méthode
anoblir, faire noble en donnant un titre de noblesse

Quelque temps après, le marquis put enfin sortir.

– Allez passer deux mois à Londres, dit-il à Julien. Les *courriers* extraordinaires et autres vous porteront les lettres reçues par moi avec mes notes. Vous ferez les réponses et me les renverrez en mettant chaque lettre dans sa réponse.

A son retour : – Monsieur l'homme profond, vous n'avez pas deviné ce que vous êtes allé faire en Angleterre, dit le marquis en riant.

– Pardonnez-moi, reprit Julien ; j'y ai été pour dîner une fois la semaine chez l'ambassadeur du roi, qui est le plus poli des hommes.

– Vous êtes allé chercher la croix que voilà, lui dit le marquis. Je ne veux pas vous faire quitter votre habit noir, et je suis *accoutumé au* ton plus amusant que j'ai pris avec l'homme portant l'habit bleu. Entendez bien ceci : quand je verrai cette croix, vous serez le fils cadet de mon ami le duc de Chaulnes. Remarquez, ajouta le marquis, d'un air fort sérieux, que je ne veux point vous sortir de votre état. C'est toujours une faute et un malheur pour le *protecteur* comme pour le protégé. Quand mes procès vous ennuieront, ou que vous ne me conviendrez plus, je demanderai pour vous une bonne *cure*, comme celle de notre ami l'abbé Pirard, et rien de plus, ajouta le marquis d'un ton fort sec.

un courrier, ici : homme, voiture, navire, etc. qui porte les lettres et paquets expédiés
accoutumé à, habitué à
le protecteur, celui qui protège
la cure, la fonction de curé

Cette croix mit à l'aise l'orgueil de Julien; il parla beaucoup plus. Il se crut moins souvent *offensé* par ces propos qui, dans une conversation *animée*, peuvent échapper à tout le monde.

VI

Julien était un dandy maintenant, et comprenait l'art de vivre à Paris. Il fut d'une froideur parfaite envers mademoiselle de La Mole. Il parut n'avoir gardé aucun souvenir des temps où elle lui demandait si gaiement des détails sur sa manière de tomber de cheval.

– Il manque de *légèreté*, mais non pas d'esprit, dit mademoiselle de La Mole à son père, en plaisantant avec lui sur la croix qu'il avait donnée à Julien. Mon frère vous l'a demandée pendant dix-huit mois, et c'est un La Mole ! …

– Oui; mais Julien a de l'imprévu, c'est ce qui n'est jamais arrivé au La Mole dont vous me parlez.

Mathilde se faisait une image parfaitement *ennuyeuse* de la vie qu'elle allait reprendre à Paris. Et pourtant j'ai dix-neuf ans ! pensait-elle. Ces yeux si beaux, où respirait l'ennui le plus profond, s'arrêtèrent sur Julien. Du moins, il n'était pas exactement comme un autre.

– Monsieur Sorel, dit-elle avec cette voix vive, brève qu'emploient les jeunes femmes de la haute classe, monsieur Sorel, venez-vous ce soir au bal de M. de Retz ?

offenser quelqu'un, blesser quelqu'un dans son honneur
animé, vif
la légèreté, le défaut d'une personne qui change trop souvent de sentiments, d'opinions, d'activités
ennuyeux, qui ennuie

– Mademoiselle, je n'ai pas eu l'honneur d'être présenté à M. le duc.

– Il a chargé mon frère de vous amener chez lui. Venez au bal avec mon frère, ajouta-t-elle d'un ton fort sec.

Julien salua avec respect. Ainsi, même au milieu du bal, je dois des comptes à tous les membres de la famille. Dieu sait encore si ce que je dirai à la fille ne contrariera pas les projets du père, du frère, de la mère !

Que cette grande fille me *déplaît* ! pensa-t-il en regardant marcher mademoiselle de La Mole. Sa robe lui tombe des épaules ... elle est encore plus pâle qu'avant son voyage ... Quels cheveux sans couleur ... Que de hauteur dans cette façon de saluer, dans ce regard ! quels gestes de reine !

Mademoiselle de La Mole venait d'appeler son frère, au moment où il quittait le salon.

Le comte Norbert s'approcha de Julien :

– Mon cher Sorel, lui dit-il, où voulez-vous que je vous prenne à minuit pour le bal de M. de Retz ? il m'a chargé expressément de vous amener.

– Je sais bien à qui je dois tant de bontés, répondit Julien, en saluant jusqu'à terre.

Le soir, en arrivant au bal, il fut frappé de la *magnificence* de l'hôtel de Retz. Il n'avait pas l'idée d'une telle magnificence ; il arriva, admirant, et presque timide, dans le premier des salons où l'on dansait.

– C'est la reine du bal, il faut en convenir, disait un jeune homme à moustaches, dont l'épaule entrait dans la poitrine de Julien. Et qui peut être digne de la sublime Mathilde ?

déplaire, le contraire de plaire
la magnificence, le luxe ; la richesse

La porte fut dégagée, Julien put entrer.

Puisqu'elle passe pour si remarquable aux yeux de ces poupées, elle vaut la peine que je l'étudie, pensa-t-il. Je comprendrai quelle est la perfection pour ces gens-là.

Mathilde s'ennuyait en espoir. Le marquis de Croisenois parvint à l'approcher, et lui parlait, mais elle rêvait sans l'écouter. Elle suivait machinalement de l'oeil Julien, qui s'était éloigné d'un air respectueux, mais fier et *mécontent*. Elle aperçut, dans un coin, le comte Altamira, condamné à mort dans son pays.

Je ne vois que la condamnation à mort qui distingue un homme, pensa Mathilde ; c'est la seule chose qui ne s'achète pas.

– Connaissez-vous le comte Altamira ? dit-elle à M. de Croisenois.

Cette question avait si peu de rapport avec tout ce que le pauvre marquis lui disait depuis cinq minutes, que son *amabilité* en fut *déconcertée.*

Mathilde *a de la singularité*, pensa-t-il, mais elle donne une si belle position sociale à son mari ! Comme il est difficile de faire bien deux choses à la fois, le marquis répondait à Mathilde d'un air vide, et comme récitant une leçon :

– Qui ne connaît ce pauvre Altamira ? Et il lui faisait l'histoire de sa *conspiration* manquée, ridicule, absurde.

– Très absurde ! dit Mathilde, comme se parlant à elle-

mécontent, le contraire de content
l'amabilité (f.), la politesse ; la gentillesse ; qualité d'une personne aimable
déconcerter, troubler profondément
avoir de la singularité, être singulier
la conspiration, le complot ; l'intrigue

même, mais il a agi. Je veux voir un homme ; amenez-le-moi, dit-elle au marquis très choqué.

Le comte Altamira était un des admirateurs les plus déclarés de l'air hautain de mademoiselle de La Mole ; elle était suivant lui l'une des plus belles personnes de Paris. Il se laissa amener sans difficulté.

Mathilde l'écoutait avec plaisir, mais elle s'aperçut bientôt que le jeune comte trouvait que rien n'était digne de son attention excepté ce qui pouvait donner à son pays le gouvernement des deux Chambres. Il quitta avec plaisir Mathilde parce qu'il vit entrer un général *péruvien*. Elle voyait son oeil noir briller en parlant au général péruvien et elle se trouvait *piquée* de son départ.

Puisque je ne suis qu'une femme comme une autre, eh bien ! il faut danser, se dit Mathilde. Mais ni la danse, ni le désir de plaire à l'un des plus jolis hommes de la cour, rien ne put *distraire* Mathilde. Elle était la reine du bal, elle le voyait, mais avec froideur. Où est le plaisir pour moi, ajouta-t-elle tristement, si, après six mois d'absence, je ne le trouve pas au milieu d'un bal qui fait l'envie de toutes les femmes de Paris ? Je suis belle, et pourtant je meurs d'ennui. Y a-t-il une raison pour que je m'ennuie moins quand j'aurai changé mon nom pour celui du marquis de Croisenois ?

Mais, mon Dieu ! ajouta-t-elle presque avec l'envie de pleurer, n'est-ce pas un homme parfait ? On ne peut le regarder sans qu'il trouve une chose aimable, et même *spirituelle*, à vous dire ; il est brave … Mais ce Sorel est

péruvien, du Pérou
piquer, ici : offenser
distraire, amuser
spirituel, plein d'esprit

singulier, se dit-elle, je l'ai averti que j'avais à lui parler, et il ne daigne pas reparaître !

– Vous *avez de l'humeur*, lui dit la marquise de La Mole ; je vous en avertis, c'est de mauvaise grâce à ce bal.

– Je ne me sens que mal à la tête, répondit Mathilde, il fait trop chaud ici.

Mais M. Sorel ne vient pas, se dit-elle encore, après qu'elle eut dansé. Elle le cherchait presque des yeux, lorsqu'elle l'aperçut dans un autre salon. Il cause avec le comte Altamira, mon condamné à mort ! se dit Mathilde.

Julien était encore assez près d'elle, elle n'hésita pas à l'appeler. Julien attendit un instant, il semblait dire : je suis payé pour vous répondre. Il ne daignait pas lever l'oeil sur Mathilde. Elle, avec ses beaux yeux ouverts extraordinairement et fixés sur lui, avait l'air de son *esclave*. L'idée lui vint de suivre la conversation du condamné à mort avec Julien. Elle parvint à les *rejoindre* au moment où, à deux pas devant elle, Altamira s'approchait d'un *plateau* pour prendre une glace.

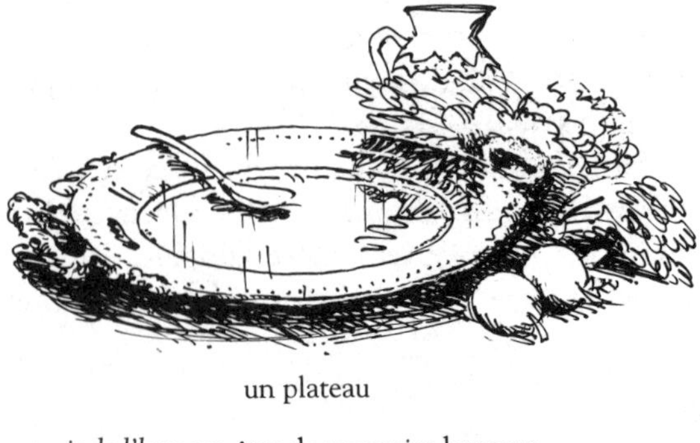

un plateau

avoir de l'humeur, être de mauvaise humeur
être esclave de quelqu'un, être entièrement soumis à sa volonté
rejoindre quelqu'un, aller retrouver quelqu'un

– Il n'y a plus de passions véritables au XIXe siècle, dit Altamira: c'est pour cela que l'on s'ennuie tant en France. On fait les plus grandes *cruautés*, mais sans cruauté.

– *Tant pis* ! dit Julien; du moins, quand on fait des crimes, faut-il les faire avec plaisir: ils n'ont que cela de bon, et l'on ne peut même les *justifier* un peu que par cette raison.

– Vous avez raison, disait Altamira; on fait tout sans plaisir et sans s'en souvenir, même les crimes.

– Ma foi ! dit Julien, qui veut la fin veut les moyens; si, au lieu d'être un atome, j'avais quelque pouvoir, je ferais pendre trois hommes pour sauver la vie à quatre.

Mathilde dansa jusqu'au jour, et enfin se retira horriblement fatiguée. Mais en voiture, le peu de force qui lui restait était encore employé à la rendre triste et malheureuse. Elle avait été méprisée par Julien, et ne pouvait le mépriser.

Julien, lui, était *au comble du* bonheur, par la musique, les fleurs, les belles femmes, et, plus que tout, par son imagination, qui rêvait des *distinctions* pour lui et la liberté pour tous. La voiture du comte, qui le ramenait, s'arrêta devant l'hôtel de La Mole. Julien était amoureux de son conspirateur. Altamira lui avait fait ce beau compliment: vous n'avez pas la légèreté française, et comprenez le principe de l'*utilité*.

la cruauté, le fait d'être cruel, d'être barbare
tant pis, expression qui marque qu'on n'est pas satisfait d'une chose
justifier, prouver que quelque chose est juste
au comble de, au plus haut degré de
la distinction, le privilège ; l'honneur
l'utilité (f.), caractère de ce qui est utile

VII

Le lendemain, en faisant ses lettres dans la bibliothèque, il ne songeait encore qu'à la conversation du comte Altamira. Ses pensées furent troublées par l'arrivée imprévue de mademoiselle de La Mole. Ses yeux s'arrêtèrent sur elle, mais sans songer à elle, sans la saluer, sans presque la voir. Mathilde vit qu'elle l'avait troublé, et qu'il *eût* mieux aimé songer à ce qui l'occupait avant son arrivée, que lui parler. Après l'avoir beaucoup regardé, elle s'en alla lentement. Julien la regardait marcher. Cette jeune fille, si *altière* au bal du duc de Retz, avait presque en ce moment un regard suppliant.

Julien eut de longues conversations avec mademoiselle de La Mole, qui, quelquefois après dîner, se promenait avec lui dans le jardin.

L'amour-propre de Julien était flatté. Je m'étais trompé, pensa-t-il bientôt ; c'est le besoin de parler.

Peu à peu ses conversations avec cette jeune fille devinrent plus intéressantes. Il oubliait son triste rôle de *plébéien* révolté. Il la trouvait savante, et même *raisonnable*. Ses opinions dans le jardin étaient bien différentes de celles qu'elle avouait au salon. Quelquefois elle avait avec lui un enthousiasme et une franchise qui formaient un contraste parfait avec sa manière d'être ordinaire, si altière et si froide.

Plusieurs fois, en des jours de mauvaise humeur, Mathilde essaya de prendre avec lui le ton d'une grande

eût, aurait
altier, fier ; hautain
un plébéien, un homme du peuple
raisonnable, qui pense selon la raison ; qui se conduit avec bon sens

dame ; elle mettait une rare *finesse* à ces *tentatives*, mais Julien les repoussait rudement.

Un jour il l'interrompit brusquement : – Mademoiselle de La Mole a-t-elle quelque ordre à donner au secrétaire de son père ? lui dit-il ; il doit écouter ses ordres, et les exécuter avec respect ; mais *du reste*, il n'a pas un mot à lui adresser. Il n'est point payé pour lui communiquer ses pensées.

Cette manière d'être et les singuliers doutes qu'avait Julien, firent disparaître l'ennui qu'il trouvait régulièrement dans ce salon si magnifique, mais où l'on avait peur de tout.

Il serait *plaisant* qu'elle m'*aimât* ! Le marquis de Croisenois, qui réunit tous les avantages de naissance et de fortune, en est amoureux fou, il doit l'épouser. Que de lettres M. de La Mole m'a fait écrire aux deux notaires pour arranger le contrat ! Et moi, je triomphe de ce jeune homme si aimable, continuait Julien.

Mais non, ou je suis fou, ou elle me fait la cour ; plus je me montre froid et respectueux avec elle, plus elle me recherche. Mon Dieu, qu'elle est belle ! Que ses grands yeux bleus me plaisent, vus de près, et me regardant comme ils le font souvent. Elle a l'air de tellement mépriser le manque d'énergie de son frère ! Il est brave, et puis c'est tout, me dit-elle. Il n'a pas une pensée qui ose s'écarter de la mode. C'est toujours moi qui suis obligé de prendre sa défense. Une jeune fille de dix-neuf ans !

la finesse, la subtilité
la tentative, une action ayant pour but de faire réussir un projet ; un essai
du reste, d'ailleurs
plaisant, agréable
aimât, aime

Eh bien, elle est jolie ! continuait Julien avec des regards de tigre. Je l'aurai, je m'en irai ensuite, et malheur à qui me troublera dans ma fuite.

Cette idée devint l'unique affaire de Julien ; il ne pouvait plus penser à *rien autre chose*. Ses journées passaient comme des heures. Sa pensée abandonnait tout et il se réveillait la tête troublée et rêvant à cette idée : M'aime-t-elle ?

Mathilde n'attachait aucun prix à bien des choses qui étaient des objets de désirs sérieux pour le reste de la famille. Elle s'amusait des lettres des jeunes gens ; suivant elle toutes se ressemblaient. Elle voyait l'avenir avec un *dégoût* bien rare à son âge. Voilà quelles étaient ses pensées, quand elle commença à trouver du plaisir à se promener avec Julien. Elle fut étonnée de son orgueil ; elle admira l'*adresse* de ce petit bourgeois.

J'ai le bonheur d'aimer, c'est clair, se dit-elle un jour, j'aime, j'aime ! A mon âge, une fille jeune, belle, spirituelle, où peut-elle trouver des sensations, si ce n'est dans l'amour ? Je n'aurai jamais d'amour pour Croisenois, Caylus, etc. Ils sont parfaits, trop parfaits peut-être ; enfin, ils m'ennuient. Qu'est-ce qu'un amour qui fait bâiller ? Autant vaudrait être dévote. Est-ce ma faute à moi si les jeunes gens de la cour *pâlissent* à la seule idée de la moindre aventure un peu singulière ? Mon petit Julien, au contraire, n'aime à agir que seul. Jamais, dans

rien autre chose (ancienn.), rien d'autre
le dégoût, l'horreur ; l'aversion
l'adresse (f.), qualité d'une personne qui sait manoeuvrer comme il faut pour obtenir un résultat
pâlir, devenir pâle

cet être privilégié, la moindre idée de chercher de l'appui et du secours dans les autres ! il méprise les autres, c'est pour cela que je ne le méprise pas.

Le lendemain, sans s'en douter, mademoiselle de La Mole *vantait* Julien au marquis de Croisenois et à son frère.

– Prenez bien garde à ce jeune homme, qui a tant d'énergie, s'écria son frère ; si la révolution recommence, il nous fera tous *guillotiner*.

Elle *se hâta de* plaisanter son frère et le marquis de Croisenois sur la peur que leur faisait l'énergie. Ce n'est au fond que la peur de rencontrer l'imprévu …

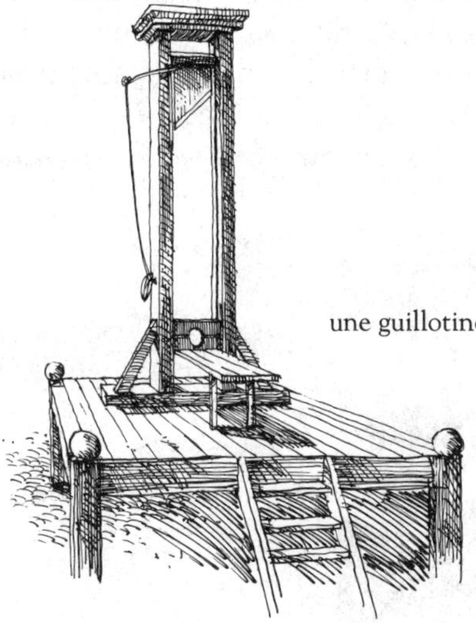

une guillotine

vanter quelqu'un, parler de quelqu'un avec sympathie ; dire beaucoup de bien de quelqu'un
guillotiner, exécuter au moyen de *la guillotine*
se hâter de, ne pas perdre de temps pour

Malgré tous les *désavantages* de son habit noir et de cette *physionomie* de prêtre, qu'il lui faut bien avoir, le pauvre garçon, sous peine de mourir de faim, son mérite leur fait peur, rien de plus clair. Et cette physionomie de prêtre, il ne l'a plus dès que nous sommes quelques instants seuls ensemble. Ce n'est qu'à moi qu'il adresse la parole, il me croit l'âme haute. Il ne répond à leurs *objections* que juste autant qu'il faut pour être poli. Avec moi, il discute des heures entières, il n'est pas sûr de ses idées tant que j'y trouve la moindre objection. Eh bien, mon père, homme supérieur, et qui portera loin la fortune de notre maison, respecte Julien. Tout le reste le hait, personne ne le méprise que les dévotes amies de ma mère. Les voilà tous *ligués*, se dit-elle, contre un homme de génie qui n'a pas dix louis de rente, et qui ne peut leur répondre qu'autant qu'il est interrogé. Ils en ont peur sous son habit noir. Que serait-ce avec des *épaulettes* ?

le désavantage, le contraire d'avantage
la physionomie, l'aspect des traits d'un visage
une objection, un argument opposé à une affirmation, à ce qu'on affirme
liguer, associer ; unir dans une coalition ; allier

Mathilde oublia bien vite l'air piqué du comte de Caylus, l'humeur de Norbert et le désespoir silencieux de M. de Croisenois. On lui avait *persuadé* qu'à cause de tous ses avantages de naissance, de fortune, etc., elle devait être plus heureuse qu'une autre. C'est la source de l'ennui des princes et de toutes leurs folies. Du moment qu'elle eut décidé qu'elle aimait Julien, elle ne s'ennuya plus. Cet amusement a bien des dangers, pensait-elle. *Tant mieux* ! mille fois tant mieux !

Oui, il est impossible que je me le dissimule, se disait Julien, mademoiselle de La Mole me regarde d'une façon singulière.

Une jolie femme du grand monde est, à ce qu'on assure, ce qui étonne le plus un paysan homme d'esprit, quand il arrive aux premières classes de la société. Ce n'était point le caractère de Mathilde qui faisait rêver Julien les jours *précédents*.

Il avait assez de sens pour comprendre qu'il ne connaissait point ce caractère. Tout ce qu'il en voyait pouvait n'être qu'une apparence. Il est possible que ce trio se moque de moi, pensait Julien. On connaît bien peu son caractère, si l'on ne voit pas déjà l'expression sombre et froide que prirent ses regards en répondant à ceux de Mathilde. Une ironie *amère* repoussa les *assurances* d'amitié que mademoiselle de La Mole étonnée osa *hasarder* deux ou

persuader (quelque chose à quelqu'un), suggérer (qch à qn)
tant mieux, indique la satisfaction devant un événement heureux
précédent, le contraire de suivant
amer, triste ; douloureux ; cruel
l'assurance (f.), ici : la garantie ; la preuve
hasarder, ici : donner en risquant de déplaire ; risquer

trois fois. Le coeur de cette jeune fille naturellement froid, ennuyé, *sensible à* l'esprit devint aussi passionné qu'il était dans sa nature de l'être. Mais il y avait aussi beaucoup d'orgueil dans le caractère de Mathilde, et la naissance d'un sentiment qui faisait dépendre d'un autre tout son bonheur fut accompagné d'une sombre tristesse.

VIII

Le marquis venait de confier à Julien l'administration d'une quantité de petites terres et de maisons qu'il possédait dans le bas Languedoc. Un voyage était nécessaire. Julien avait fait de son départ un secret, mais Mathilde savait mieux que lui qu'il allait quitter Paris le lendemain, et pour longtemps. Elle regardait Julien d'une façon étrange. Comme il prenait congé d'elle, elle lui serra le bras avec force :

– Vous recevrez ce soir une lettre de moi, lui dit-elle. Il faut ne pas partir demain ; trouvez un prétexte. Et elle s'éloigna en courant.

Une heure après, un *laquais* remit une lettre à Julien ; c'était tout simplement une déclaration d'amour.

Enfin moi, s'écria-t-il, moi, pauvre paysan, j'ai donc une déclaration d'amour d'une grande dame ! Je l'emporte sur le marquis de Croisenois, moi, qui ne dis que des choses sérieuses ! Et lui est si joli ! il a des moustaches, un charmant uniforme ; il trouve toujours à dire, juste au moment convenable, un mot spirituel et fin.

Julien eut un instant délicieux ; il se fit annoncer chez

sensible à, qui se laisse toucher par ; réceptif à
un laquais, un valet portant des habits caractéristiques que portent les domestiques d'une même maison

le marquis de La Mole. Il lui prouva facilement que le soin des procès normands l'obligeait à *différer* son départ pour le Languedoc. Cette lettre, qu'il tenait serrée dans sa main, lui donnait la taille et l'attitude d'un *héros*.

Eh bien ! se dit-il, j'ai plus d'esprit qu'eux ; je sais choisir l'uniforme de mon siècle. Et il sentit *redoubler* son ambition et son attachement à l'habit *ecclésiastique*.

AUX ARMES ! s'écria Julien ; il entra dans l'*échoppe* de l'écrivain du coin de la rue ; il lui fit peur. – Copiez, lui dit-il en lui donnant la lettre de mademoiselle de La Mole.

Il alla acheter une énorme Bible chez un libraire protestant, cacha *adroitement* la lettre de Mathilde dans la couverture, et son « paquet » partit par la *diligence*, adressé à un ouvrier qu'il avait connu autrefois et dont personne ne savait le nom.

une diligence

différer, remettre à plus tard ; retarder
un héros, celui qui se distingue par son très grand courage
redoubler, augmenter considérablement
ecclésiastique, de l'église
une échoppe, une petite boutique en planches
adroitement, avec adresse

« Quoi ! mademoiselle, écrivit-il à Mathilde, c'est mademoiselle de La Mole qui fait remettre une lettre trop *séduisante* à un pauvre charpentier du Jura, sans doute pour *se jouer de* sa *simplicité*. »

Mathilde croyait voir le bonheur. Elle osait dire qu'elle aimait. Elle écrivait la première (quel mot terrible !) à un homme placé dans les derniers rangs de la société. Et elle allait en faire son *amant*, peut-être son maître.

Le lendemain Julien sortit de l'hôtel sans être aperçu, mais il rentra avant huit heures. A peine était-il dans la bibliothèque, que mademoiselle de La Mole parut sur la porte. Il lui remit sa réponse et mademoiselle de La Mole disparut.

Vers les neuf heures, elle lui jeta une lettre et s'enfuit. Ce fut encore par une plaisanterie qu'il annonça, vers la fin de sa réponse, son départ décidé pour le lendemain matin. Mademoiselle de La Mole saisit la lettre avec des yeux riants.

A cinq heures, Julien reçut une troisième lettre ; elle lui fut lancée de la porte de la bibliothèque. Mademoiselle de La Mole s'enfuit encore. Quelle manie d'écrire ! se dit-il en riant.

Il n'y avait que huit lignes.

« J'ai besoin de vous parler : il faut que je vous parle, ce soir ; au moment où une heure après minuit sonnera, trouvez-vous dans le jardin. Prenez la grande échelle du jardinier ; placez-la contre ma fenêtre et montez chez

séduisant, qui tente ; qui plaît ; charmant
se jouer de, se moquer de
la simplicité, le caractère d'une personne qui a des goûts simples
un amant, celui qui a des relations sexuelles avec une femme à qui il n'est pas marié

moi. Il fait clair de lune ; *n'importe.* »

C'est clair, on veut me perdre ou se moquer de moi, tout au moins. D'abord, on a voulu me perdre avec mes lettres ; elles se trouvaient *prudentes* ; eh bien ! il leur faut une action plus claire que le jour. Ces jolis petits messieurs me croient aussi trop bête ou trop fat. Dans quelle folie je vais me jeter ! se dit-il avec surprise et terreur. Il avait été un quart d'heure sans regarder en face son action de la nuit prochaine.

Quoi ! j'aurai été en rivalité avec un homme portant un des plus beaux noms de France, et je me serai moi-même déclaré son inférieur ! Au fond, il y a de la *lâcheté* à ne pas aller. Ce mot décide tout, s'écria Julien en se levant ... d'ailleurs elle est bien jolie. Mais s'ils m'attachent les bras au moment de l'entrée dans la chambre ; ils peuvent avoir placé quelque machine *ingénieuse* ! Pourquoi ne pas l'avouer ? il avait peur.

Cette soirée fut affreuse.

Julien alla se placer dans un coin obscur du jardin. Il alla prendre l'immense échelle, attendit cinq minutes, et à une heure cinq minutes posa l'échelle contre la fenêtre de Mathilde. Il monta doucement, le pistolet à la main, étonné de n'être pas attaqué.

– Vous voilà, monsieur, lui dit Mathilde avec beaucoup d'émotion ; je suis vos mouvements depuis une heure.

n'importe, cela n'a pas d'importance
prudent, qui prévoit et évite les dangers
la lâcheté, le contraire de courage, d'énergie
ingénieux, ici : fournissant une preuve de l'adresse de son inventeur

– Qu'avez-vous dans la poche de côté de votre habit ? lui dit-elle, enchantée de trouver un sujet de conversation.

– J'ai toutes sortes d'armes et de pistolets, répondit Julien, non moins content d'avoir quelque chose à dire.

– Il faut retirer l'échelle, dit Mathilde.

– Et comment moi m'en aller ? dit Julien d'un ton *plaisant*, et en *affectant* le *langage* créole. (Une des femmes de chambre de la maison était née à Saint-Domingue.)

– Vous, vous en aller par la porte, dit Mathilde, ravie de cette idée.

Ah ! que cet homme est digne de tout mon amour ! pensa-t-elle.

Julien lui avoua tous ses soupçons.

– Voilà donc la cause de la froideur de tes lettres ! s'écria Mathilde avec l'accent de la folie plus que de la tendresse.

– Tu as un coeur d'homme, lui dit-elle, j'ai voulu *braver* ta bravoure, je l'avoue. Mathilde faisait effort pour le *tutoyer.* Ce tutoiement ne faisait aucun plaisir à Julien, il s'étonnait de l'absence du bonheur. On parla des moyens de se revoir. Julien jouit délicieusement de l'esprit et de la bravoure dont il fit preuve de nouveau pendant cette discussion.

En l'écoutant parler, Mathilde était choquée de cet air de triomphe. Il est donc mon maître, se dit-elle. Elle avait décidé que s'il osait arriver chez elle avec le secours

plaisant, ici : drôle ; comique ; qui fait rire
affecter, ici : faire un usage exagéré de
le langage, la façon de s'exprimer
braver, s'opposer à
tutoyer quelqu'un, dire « tu » à quelqu'un

de l'échelle, ainsi qu'il lui était prescrit, elle serait toute à lui. Mais jamais l'on ne dit d'un ton plus froid et plus poli des choses aussi tendres.

Aucun regret, aucun reproche ne vinrent gâter cette nuit qui sembla singulière plutôt qu'heureuse à Julien. Il était plus étonné qu'heureux. S'il n'y avait rien de tendre dans son âme, c'est que Mathilde, dans toute sa conduite avec lui, avait accompli un devoir.

Le lendemain, le surlendemain, même froideur de sa part : elle ne le regardait pas, elle ne s'apercevait pas de son existence. Serait-ce, par hasard, se dit-il, un retour à la vertu ?

Dans les positions ordinaires de la vie, elle *ne* croit *guère* à la religion, pensait Julien, elle l'aime comme très utile aux intérêts de sa *caste*. Me mépriserait-elle ?

Je me suis donné un maître ! se disait mademoiselle de La Mole.

– Eh bien, monsieur, vous croyez donc avoir *acquis* des droits bien puissants sur moi, lui dit-elle avec une colère à peine retenue.

Rien ne fut plaisant comme le dialogue de ces deux amants ; ils en furent bientôt à se déclarer nettement qu'ils *se brouillaient à jamais*. Emporté par son malheur, Julien eut la faiblesse de lui dire, du ton le plus tendre et qui venait de l'âme : « Ainsi, vous ne m'aimez plus ? »

– J'ai horreur de m'être livrée au premier venu, dit

ne ... guère, ne ... pas beaucoup
une caste, ici : un groupe de personnes constituant une catégorie à part
acquérir, obtenir
se brouiller, cesser d'être ami
à jamais, pour toujours

Julien avec la vieille épée

Mathilde en pleurant de *rage* contre elle-même.

– AU PREMIER VENU ! s'écria Julien, et il *s'élança* sur une vieille *épée* qui était conservée dans la bibliothèque comme une curiosité.

L'idée du marquis de La Mole, son *bienfaiteur*, se présenta vivement à Julien. Je tuerais sa fille ! se dit-il, quelle horreur ! Il fit un mouvement pour jeter l'épée. Tout ce mouvement, fort lent sur la fin, dura bien une minute ; mademoiselle de La Mole le regardait étonnée. J'ai donc été sur le point d'être tuée par mon amant ! se disait-elle. Cette idée la transportait dans les plus beaux temps du siècle de Charles IX et d'Henri III. Je vais retomber dans quelque faiblesse pour lui, pensa Mathilde. Elle s'enfuit.

Mon Dieu ! qu'elle est belle ! dit Julien en la voyant courir : voilà cet être qui *se précipitait* dans mes bras il n'y a pas huit jours …

Le marquis parut ! Julien se hâta de lui annoncer son départ.

– Pour où ? dit M. de La Mole.

– Pour le Languedoc.

– Non pas, s'il vous plaît, vous êtes réservé à de plus hautes *destinées* ; si vous partez ce sera pour le Nord. Vous m'obligerez de n'être jamais plus de deux ou trois heures absent, je puis avoir besoin de vous d'un moment à l'autre.

la rage, un mouvement violent de colère
s'élancer sur, se jeter sur
une épée, voir illustration page 47
un bienfaiteur, une personne qui fait du bien
se précipiter, se jeter
la destinée, le sort auquel on est réservé

Julien salua, et se retira sans mot dire, laissant le marquis fort étonné ; il s'enferma dans sa chambre.

Ainsi, pensait-il, je ne puis pas même m'éloigner ! Dieu sait combien de jours le marquis va me retenir à Paris ; grand Dieu ! que vais-je devenir ? Et cependant je suis fou, je le sens ; je suis fou ! Qui pourra me guider, que vais-je devenir ?

IX

Mademoiselle de La Mole ravie ne songeait qu'au bonheur d'avoir été sur le point d'être tuée. Après dîner, elle lui parla et l'engagea à la suivre au jardin ; il obéit. Elle trouvait un plaisir extrême à se promener à ses côtés, c'était avec curiosité qu'elle regardait ces mains qui le matin avaient saisi l'épée pour la tuer.

Peu à peu Mathilde en vint à lui raconter les mouvements d'enthousiasme *passager* qu'elle avait éprouvés pour M. de Croisenois, pour M. de Caylus ... Elle en vint même à parler de M. de Caylus comme si elle l'aimait actuellement.

– Et vous ne m'aimez plus, moi qui vous *adore* ! lui dit un jour Julien *éperdu d'*amour et de malheur.

Son mot si franc, mais si stupide, vint tout changer en un instant : Mathilde, sûre d'être aimée, le méprisa parfaitement.

Elle se promenait avec lui au moment de ce propos

passager, dont la durée est brève
adorer, aimer passionnément ; aimer beaucoup
éperdu de, fou de

maladroit: elle le quitta, et son dernier regard exprimait le plus affreux mépris.

Julien n'avait rien compris à tout ce qui s'était passé dans le coeur de Mathilde, mais il *discerna* le mépris. Il eut le *bon sens* de ne paraître devant elle que le plus rarement possible, et jamais ne la regarda.

Il y avait plusieurs jours que Julien la fuyait, et les jeunes gens si brillants qui avaient tout ce qui manquait à cet être si pâle et si sombre, autrefois aimé d'elle, n'avaient plus le pouvoir de la tirer de sa rêverie.

Compagne d'un homme tel que Julien, auquel il ne manqua que de la fortune que j'ai, je ne passerai point inaperçue dans la vie. Bien loin de *redouter* sans cesse une révolution comme mes cousines, qui de peur du peuple n'osent pas *gronder* un *postillon* qui les mène mal, je serai sûre de jouer un grand rôle, car l'homme que j'ai choisi a du caractère et une ambition *sans bornes*. Que lui manque-t-il ? des amis, de l'argent ? je lui en donne. Mais sa pensée traitait un peu Julien en être inférieur, dont on se fait aimer quand on veut.

Les rêveries de Mathilde n'étaient pas toutes aussi graves, il faut l'avouer, que les pensées que nous venons de *transcrire*.

maladroit, qui montre peu d'adresse
discerner, distinguer
le bon sens, la raison
la compagne, la copine ; la camarade
redouter, craindre beaucoup ; avoir peur de
gronder, dire des paroles dures à ; adresser des reproches à
un postillon, ici : un cocher de diligence
sans bornes, très grand
transcrire, enregistrer ; copier très exactement

Elle regardait Julien, elle trouvait une grâce charmante à ses moindres actions.

Un être humain n'a de ressources que le courage. Julien n'eut pas assez de courage pour se dire : il faut oser ; mais comme il regardait la fenêtre de la chambre de Mathilde, il vit à travers les *persiennes* qu'elle éteignait sa lumière.

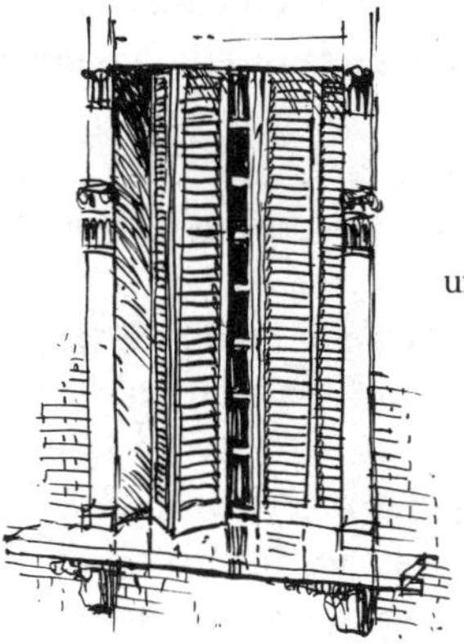

une persienne

Ce fut l'éclair du génie. Il courut à l'échelle et la plaça contre la fenêtre de Mathilde.

Elle va m'*accabler* de mépris, qu'importe ? Mes lèvres toucheront sa joue avant que de mourir. Je monte chez moi et je me tue …

Il se jette dans la chambre plus mort que vif :

– C'est donc toi ! dit-elle en se précipitant dans ses bras …

Qui pourra décrire le bonheur de Julien ! Celui de Mathilde fut presque égal.

– Tu es mon maître, je suis ton esclave, il faut que je te demande pardon à genoux d'avoir voulu me révolter.

accabler de, couvrir de

Oui, tu es mon maître, lui disait-elle encore *ivre de* bonheur et d'amour.

La vertu de Julien fut égale à son bonheur ; il faut que je descende par l'échelle, dit-il à Mathilde, quand il vit l'*aube* du jour paraître sur les cheminées. Il coucha l'échelle à sa place ordinaire. Il sentit tomber quelque chose sur ses mains, c'était tout un côté des cheveux de Mathilde, qu'elle avait coupé et qu'elle lui jetait.

Elle était à sa fenêtre.

– Voilà ce que t'envoie ta *servante*, lui dit-elle assez haut. Je renonce à l'exercice de ma raison, sois mon maître.

A déjeuner, on eût dit qu'elle prenait à tâche de faire savoir à tout le monde la folle passion qu'elle avait pour Julien. Vers la fin du repas, il arriva à Mathilde, qui parlait à Julien, de l'appeler MON MAITRE.

Julien ne la vit que bien des heures après. Elle était coiffée avec le plus grand soin, un art merveilleux s'était chargé de cacher la place des cheveux coupés. Elle avait décidé que Julien était un être, si ce n'est tout à fait commun, du moins ne sortant pas assez de la ligne pour mériter toutes les étranges folies qu'elle avait osées pour lui. Au total, elle ne songeait guère à l'amour ; ce jour-là elle était lasse d'aimer.

Julien s'en tint la journée suivante à tuer de fatigue lui et son cheval. Il n'essaya plus de s'approcher, le soir, du canapé bleu, auquel Mathilde était fidèle.

Un matin il la vit entrer dans la bibliothèque.

ivre de, ici : troublé par
l'aube (f.), la première lumière du soleil qui se lève
une servante, une fille ou une femme employée comme domestique

– Je ne vous aime plus, monsieur, mon imagination folle m'a trompée …, lui dit-elle.

Pourquoi l'amour que j'avais pour cette folle me *tourmente*-t-il encore ?

Cet amour, loin de s'éteindre comme il l'espérait, fit des progrès rapides. Elle est folle, il est vrai, se disait-il, est-il possible d'être plus jolie ?

Julien était l'un des hommes les plus malheureux.

X

Le marquis le fit appeler.

– Parlons un peu de votre mémoire, dit-il à Julien ! Pourriez-vous apprendre *par coeur* quatre pages et aller les réciter à Londres ?

– Ce numéro de la QUOTIDIENNE n'est peut-être pas fort amusant ; mais demain matin j'aurai l'honneur de le réciter tout entier.

– Je vais vous mener dans un salon où se réuniront douze personnes ; vous tiendrez note de ce que chacun dira. Ce sont quatre pages que vous me réciterez demain matin au lieu de tout le numéro de la QUOTIDIENNE. Vous partirez aussitôt après ; il faudra *courir la poste* comme un jeune homme qui voyage pour ses plaisirs. Votre but sera de n'être remarqué de personne. Vous arriverez auprès d'un grand personnage. Là, il vous faudra plus d'adresse. Il s'agit de tromper tout ce qui l'entoure ; car parmi ses secrétaires, parmi ses domestiques, il y a des

tourmenter, faire souffrir
par coeur, de mémoire
courir la poste, aller très rapidement

gens vendus à nos ennemis, et qui *guettent* nos agents au passage pour les *intercepter.* Ce qui vous empêchera de vous ennuyer le long du voyage, c'est qu'entre Paris et la résidence du ministre, il y a des gens qui ne demanderaient pas mieux que de tirer un coup de *fusil* à M. l'abbé Sorel.

– Montons en voiture, dit le marquis, comme pour chasser une idée *importune*.

– Monsieur, dit Julien, pendant qu'on m'arrangeait cet habit, j'ai appris par coeur la première page de la QUOTIDIENNE d'aujourd'hui.

Le marquis prit le journal, Julien récita sans se tromper d'un seul mot. Bon, dit le marquis.

Ils arrivèrent dans un grand salon d'assez triste apparence.

Le maître de la maison était un homme énorme, dont le nom ne fut point prononcé.

Sur un signe du marquis, Julien était resté au bas bout de la table. Pour se donner une *contenance*, il se mit à *tailler* des plumes.

Ce que je fais est ridicule, se disait Julien en taillant ses plumes. Il fut vivement interrompu dans ses observations par la voix de M. de La Mole. – Je vous présente M. l'abbé Sorel, disait le marquis; il *est doué d'*une mémoire étonnante.

guetter, observer
intercepter, surprendre ; saisir
un fusil, une arme à feu, longue et facile à porter, utilisée pour la chasse ou comme arme de guerre
importun, qui ennuie ou gêne
la contenance, la manière de se tenir ; l'attitude
être doué de, avoir le talent de ; être capable de

Julien taille une plume

Julien compta douze personnes assises autour du tapis vert.

Me voici *fourré* dans une conspiration tout au moins, pensa-t-il. Quand il y aurait du danger, je dois cela et plus encore au marquis. Heureux s'il m'était donné de réparer tout le *chagrin* que mes folies peuvent lui causer un jour !

– Songez, Messieurs, disait le président, que de ce moment nous parlons devant le duc de ***. Monsieur, dit-il en montrant Julien, est un jeune *lévite*, *dévoué* à notre sainte cause, et qui redira facilement, à l'aide de sa mémoire étonnante, jusqu'à nos moindres discours.

fourrer, placer ; faire entrer ; mettre
le chagrin, la douleur morale
le lévite, ici : l'ecclésiastique ; le prêtre
dévoué à, qui s'occupe beaucoup de

Le *procès-verbal* de Julien avait vingt-six pages. Ils ont peur que je ne me moque d'eux, pensa-t-il. M. de La Mole disait avec un sérieux qui, pour Julien qui le connaissait, semblait bien plaisant:

– Oui, Messieurs, agissez par vous-mêmes, et la noble France reparaîtra telle à peu près que nos *aïeux* l'avaient faite et que nos regards l'ont encore vue avant la mort de Louis XVI. Sans l'or anglais, l'Autriche, la Russie, la Prusse ne peuvent livrer que deux ou trois batailles. Mais ce n'est pas à l'étranger tout seul que nous pouvons devoir une nouvelle occupation militaire. Il faut enfin qu'il y ait en France deux partis, non pas seulement de nom, deux partis bien nets, bien *tranchés*. Sachons qui il faut écraser. D'un côté les journalistes, les *électeurs*, l'opinion, en un mot; la jeunesse. Pendant qu'elle *s'étourdit du* bruit de ses vaines paroles, nous, nous avons l'avantage certain de consommer le *budget*. Le trône, l'*autel*, la noblesse peuvent *périr* demain, Messieurs, tant que vous n'aurez pas créé dans chaque département une force de cinq cents hommes *dévoués*. La moitié de cette troupe devra se composer de nos enfants, de nos neveux, de vrais *gentilshommes* enfin. Les rois étrangers ne vous écouteront que quand vous leur annoncerez vingt mille

le procès-verbal, ici: le document officiel
les aïeux, ceux qui ont précédé les générations actuelles dans l'histoire
tranché, séparé; différent
un électeur, une personne qui a le droit de vote
s'étourdir de, être en extase devant
le budget, l'ensemble des recettes et des dépenses
l'autel (m.), ici: la Religion; l'Eglise
périr, mourir; disparaître
dévoué, fidèle; loyal
un gentilhomme, un homme noble

gentilshommes prêts à saisir les armes pour leur ouvrir les portes de la France. Ce service est pénible, direz-vous; Messieurs, notre tête est à ce prix. FORMEZ VOS BATAILLONS, vous dirai-je. Voulez-vous continuer à parler sans agir ? Dans cinquante ans, il n'y aura plus en Europe que des présidents de république, et pas un roi. Et avec ces trois lettres R, O, I, s'en vont les prêtres et les gentilshommes. »

Un grave personnage dit d'un ton *suffisant*:

– Messieurs, l'homme à qui il est question de couper une jambe *gangrénée* serait mal venu de dire à son chirurgien: cette jambe est fort *saine*. Passez-moi l'expression, Messieurs, le noble duc de *** est notre chirurgien.

Voilà enfin le grand mot prononcé, pensa Julien; c'est vers ... que je galoperai cette nuit.

Le grave personnage continuait; on voyait qu'il savait; il exposa ces quatre vérités:

– 1° L'Angleterre n'a pas une *guinée* à notre service.

2° Impossible d'obtenir plus de deux *campagnes* des rois de l'Europe, sans l'or anglais; et deux campagnes ne suffiront pas contre la petite bourgeoisie.

3° Nécessité de former un parti armé en France, sans quoi le principe monarchique d'Europe ne hasardera pas même ces deux campagnes.

4° Impossible de former un parti armé en France sans

suffisant, arrogant
gangréné, atteint de la gangrène (= maladie qui détruit la vie organique dans une partie molle)
sain, en bon état; le contraire de malade
une guinée, ancienne monnaie anglaise en or de Guinée
une campagne, une opération militaire

le clergé. Je dirai hautement, en 1830, que le *clergé*, guidé par Rome, parle seul au petit peuple.

Ce ne fut qu'à trois heures du matin que Julien sortit avec M. de La Mole.

Le marquis était honteux et fatigué. Pour la première fois, en parlant à Julien, il y eut de la prière dans son accent. N'en parlez à notre ami de l'étranger que s'il insiste sérieusement pour connaître nos jeunes fous. Que leur importe que l'Etat soit renversé ? ils seront cardinaux, et *se réfugieront* à Rome. Nous, dans nos châteaux, nous serons *massacrés* par les paysans.

Tenez, mon ami, ajouta-t-il, allez vous reposer quelques heures, et de peur qu'on ne vous enlève, moi je vais vous enfermer à clef dans votre chambre.

Le lendemain, le marquis conduisit Julien à un château isolé assez éloigné de Paris. Là se trouvèrent des *hôtes* singuliers, que Julien jugea être prêtres. On lui remit un passeport qui portait un nom supposé, mais indiquait enfin le véritable but du voyage. Il monta seul dans *une calèche.*

un coffre

une calèche

le clergé, l'ensemble des prêtres catholiques
se réfugier, s'enfuir ; se sauver
massacrer, tuer en masse et d'une manière sauvage
un hôte, une personne qui est reçue chez quelqu'un d'autre

– Surtout n'ayez l'air que d'un fat qui voyage pour tuer le temps, lui dit le marquis avec amitié, au moment où il quittait le salon.

Le voyage fut rapide et fort triste. Dans un village à quelques lieues de Metz, le maître de poste vint lui dire qu'il n'y avait pas de chevaux. Il était dix heures; il fallait souper et se coucher.

Julien était encore dans le premier sommeil, quand il fut réveillé par la voix de deux personnes qui parlaient dans sa chambre, sans trop se gêner. Il reconnut le maître de poste, armé d'une lanterne. A côté du maître de poste était un homme qui *fouillait* tranquillement dans le *coffre* ouvert de Julien.

– Ne craignez pas qu'il se réveille, monsieur le curé, disait le maître de poste. Le vin était de celui que vous avez préparé vous-même.

– Je ne trouve aucune trace de papiers, répondait le curé. Beaucoup de linge, de *futilités*; c'est un jeune homme du siècle, occupé de ses plaisirs. Ce n'est pas un diplomate, dit le prêtre: il s'éloigna et fit bien.

Julien, qui n'avait soupé qu'avec du chocolat apporté de Paris, partit et arriva sans autre incident auprès du grand personnage.

– Suivez-moi de loin, lui dit-on sans le regarder.

A un quart de lieue de là, le duc entra brusquement dans un petit CAFE HAUSS. Ce fut dans une chambre de cette auberge du dernier ordre que Julien eut l'honneur de réciter au duc ses quatre pages.

fouiller, examiner avec attention; inspecter
une futilité, une chose sans importance

Le prince prit des notes. ALLEZ A STRASBOURG COMME VOUS POURREZ, ET LE VINGT-DEUX DU MOIS (on était au dix) TROUVEZ-VOUS A MIDI ET DEMI DANS CE MEME CAFE HAUSS. N'EN SORTEZ QUE DANS UNE DEMI-HEURE. SILENCE.

Telles furent les seules paroles que Julien entendit. Il mit deux jours à gagner Strasbourg et les jésuites de cette ville ne songèrent *nullement* à observer Julien qui avait l'air d'un jeune militaire fort occupé de sa personne.

XI

Forcé de passer huit jours à Strasbourg, Julien se promenait à cheval tristement dans les environs. Une *exclamation de gaî*té lui fit lever la tête. C'était le prince Korasoff, cet ami de Londres, qui lui avait *dévoilé* quelques mois *auparavant* les premières règles de la haute *fatuité*.

Le prince le trouvant triste : – Ah çà, mon cher, lui dit-il en rentrant à Strasbourg, avez-vous perdu tout votre argent, ou seriez-vous amoureux de quelque petite actrice ?

– Eh bien oui, mon cher, dit Julien, vous me voyez à Strasbourg fort amoureux, et il peignit, sous des noms supposés, les actions et le caractère de Mathilde.

nullement, pas du tout ; en aucune façon
une exclamation de gaîté, un cri de joie
dévoiler, révéler
auparavant, avant
la fatuité, la suffisance ; l'arrogance

– Fort bien, dit le prince, voici trois *drogues* amères que vous allez prendre :

1e Voir tous les jours madame ..., comment l'appelez-vous ?

– Madame de Dubois.

Quel nom ! dit le prince en éclatant de rire ; mais pardon, il est sublime pour vous. Il s'agit de voir chaque jour madame de Dubois.

2e N'allez pas surtout paraître à ses yeux froid et piqué ; rappelez-vous le grand principe de votre siècle : soyez le contraire de ce à quoi l'on s'attend. Montrez-vous précisément tel que vous étiez avant d'*être honoré de* ses bontés.

3e Vous ferez la cour à une femme de sa société ; vous jouez la comédie, et si l'on devine que vous la jouez, vous êtes perdu. Madame de Dubois est profondément occupée d'elle-même, comme toutes les femmes qui ont reçu du ciel ou trop de noblesse ou trop d'argent. Elle se regarde au lieu de vous regarder, donc elle ne vous connaît pas. Pendant les deux ou trois *accès* d'amour qu'elle s'est donnés en votre faveur, à grand effort d'imagination, elle voyait en vous le héros qu'elle avait rêvé, et non pas ce que vous êtes réellement. Madame de Dubois ? grand Dieu ! quel nom ! ... A qui ferez-vous la cour ?

– A la fille d'un marchand de bas immensément riche. Elle a les plus beaux yeux du monde ; elle tient sans doute le premier rang dans le pays. Mais elle rougit *au point de*

la drogue, le médicament ; le remède
être honoré de, avoir l'honneur de
un accès, une émotion vive et passagère ; un sentiment vif et passager
au point de, tellement que

se déconcerter si quelqu'un vient à parler de commerce et de boutique. Et par malheur, son père était l'un des marchands les plus connus de Strasbourg.

Julien songeait à madame la maréchale de Fervaques, qui venait beaucoup à l'hôtel de La Mole. C'était une belle étrangère qui avait épousé le maréchal un an avant sa mort. Toute sa vie semblait n'avoir d'autre objet que de faire oublier qu'elle était fille d'un industriel, et pour être quelque chose à Paris elle s'était mise à la tête de la vertu.

La conversation entre les deux amis fut *infinie* ; Korasoff était ravi; jamais un Français ne l'avait écouté aussi longtemps. Ainsi, j'en suis enfin venu, se disait le prince charmé, à me faire écouter en donnant des leçons à mes maîtres !

– Nous sommes bien d'accord, répétait-il à Julien pour la dixième fois, pas l'ombre de passion quand vous parlerez à la jeune beauté, fille du marchand de bas de Strasbourg, en présence de madame de Dubois. Au contraire, passion brûlante en écrivant. Lire une lettre d'amour bien écrite est un *souverain* plaisir pour une *prude*; c'est un moment de *relâche*. Elle ne joue pas la comédie, elle ose écouter son coeur; donc deux lettres par jour.

– Jamais, jamais! dit Julien *découragé*; je suis un cadavre, mon cher, n'espérez plus rien de moi. Laissez-moi

se déconcerter, s'embarrasser ; se troubler
infini, sans fin ; interminable
souverain, extrême
une prude, une femme qui affecte une discrétion excessive dans tout ce qui touche aux convenances ; le contraire d'une libertine
la relâche, le repos ; la pause
décourager quelqu'un, lui ôter son courage

mourir au bord de la route.

– Et qui vous parle de composer des phrases ? J'ai six volumes de lettres d'amour *manuscrites*. Il y en a pour tous les caractères de femme, j'en ai pour la plus haute vertu.

Julien était moins malheureux quand il quitta son ami à deux heures du matin. Le lendemain le prince fit appeler un *copiste*, et deux jours après Julien eut cinquante-trois lettres d'amour, destinées à la vertu la plus sublime et la plus triste.

Tous les jours on montait à cheval : le prince était fou de Julien. Il finit par lui offrir la main d'une de ses cousines ; une fois marié, ajouta-t-il, mon influence et la croix que vous avez là vous font *colonel* en deux ans.

Je n'épouserai pas les millions que m'offre Korasoff, se dit Julien, mais je suivrai ses conseils.

Il le faut, je vais faire la cour à madame de Fervaques. Elle m'ennuiera bien peut-être, mais je regarderai ces yeux si beaux et qui ressemblent tellement à ceux qui m'ont le plus aimé au monde.

De retour à Paris, Julien allait donc revoir Mathilde ! Il s'habilla avec beaucoup de soin. En descendant l'escalier, il se dit : il faut suivre à la lettre l'ordonnance du prince.

Il remonta chez lui, et prit un costume de voyage on ne peut pas plus simple.

On se mit à table. Enfin parut mademoiselle de La Mole, toujours fidèle à son habitude de se faire attendre. Elle rougit beaucoup en voyant Julien ; on ne lui avait pas dit son arrivée.

manuscrit, écrit à la main
un copiste, quelqu'un qui copie
un colonel, un officier supérieur qui commande un régiment

Julien se disait à chaque instant: il faut paraître ce que j'étais réellement huit jours avant mon malheur … Attentif pour la première fois envers la maîtresse de la maison, il fit tous ses efforts pour faire parler les hommes de sa société et maintenir la conversation vivante.

On annonça madame la maréchale de Fervaques. Julien s'échappa et reparut bientôt, *vêtu* avec le plus grand soin. Madame de La Mole voulut lui *témoigner* sa satisfaction, en parlant de son voyage à madame de Fervaques. Julien s'établit auprès de la maréchale, suivant toutes les règles de l'art.

La maréchale annonça qu'elle allait à l'Opéra-Buffa. Julien y courut; il trouva le chevalier de Beauvoisis, qui l'emmena dans une loge de messieurs les gentilshommes de la chambre, justement à côté de la loge de madame de Fervaques.

Mathilde l'avait presque oublié pendant son voyage. Son nom, pensait-elle, me rappellera toujours la plus grande faute de ma vie.

Toutes les idées de mademoiselle de La Mole changèrent en voyant Julien. Elle s'attendait à des airs de malheur de la part de Julien; elle préparait ses réponses, car sans doute il essaierait de lui adresser quelques mots. Loin de là, il resta ferme au salon, ses regards ne se tournèrent pas même vers le jardin. Le prince Korasoff eût été bien fier, s'il se fût trouvé à Paris. Matériellement fidèle au plan de conduite dicté par le prince Korasoff, Julien se plaçait chaque soir assez près du fauteuil de madame de Fervaques, mais il lui était impossible de trouver un mot à dire.

vêtir, habiller
témoigner, montrer ; exprimer

Il y a un peu de folie dans la façon de voir de toute cette famille, pensait la maréchale; ils *sont engoués de* leur jeune abbé, qui ne sait qu'écouter avec d'assez beaux yeux, il est vrai.

Etonnée de la constance de Julien à se cacher d'elle, Mathilde quitta un jour le canapé bleu et vint travailler auprès d'une petite table voisine du fauteuil de la maréchale. Julien la voyait d'assez près par-dessous le chapeau de madame de Fervaques. Ces yeux, qui disposaient de son sort, l'effrayèrent d'abord, ensuite le jetèrent violemment hors de son apathie *habituelle*.

Il adressait la parole à la maréchale, mais son but unique était d'agir sur l'âme de Mathilde. Il *s'anima* de telle sorte que madame de Fervaques arriva à ne plus comprendre ce qu'il disait.

Puisqu'il est d'assez mauvais goût, se disait mademoiselle de La Mole, pour parler ainsi longtemps et avec tant de feu à madame de Fervaques, je ne l'écouterai plus. Elle *acheva de* prendre de l'humeur; elle ne pouvait trouver le sommeil.

Pour Julien, il avait agi, il était moins malheureux; ses yeux tombèrent par hasard sur le portefeuille en cuir de Russie où le prince Korasoff avait enfermé les cinquante-trois lettres d'amour dont il lui avait fait cadeau. Il se mit aussitôt à transcrire cette première lettre d'amour; c'était une *homélie* remplie de phrases sur la vertu et ennuyeuse à périr; Julien eut le bonheur de s'endormir à la seconde page.

être engoué de, se prendre d'une passion excessive pour
habituel, ordinaire; traditionnel
s'animer, le contraire de se calmer
achever (de), finir (l'action de)
une homélie, une longue et ennuyeuse leçon de morale

Ce jour-là il acheva la copie de sa lettre presque en riant. Il compta plusieurs phrases de neuf lignes. Au bas de l'original, il aperçut une note au crayon :

ON PORTE CES LETTRES SOI-MEME : à cheval, on remet la lettre au *portier*, profonde mélancolie dans le regard. Si l'on aperçoit quelque femme de chambre, essuyer ses yeux *furtivement*. Adresser la parole à la femme de chambre.

Tout cela fut exécuté fidèlement. Oser écrire à une vertu si célèbre, pensa Julien ! Je vais en être traité avec le dernier mépris, et rien ne m'amusera davantage.

Depuis un mois, le plus beau moment de la vie de Julien était celui où il remettait son cheval à l'*écurie*. Korasoff lui avait *expressément* défendu de regarder, sous quelque prétexte que ce fût, la maîtresse qui l'avait quitté. Mais le pas de ce cheval qu'elle connaissait si bien, la manière avec laquelle Julien frappait de sa *cravache* à la porte de l'écurie pour appeler un homme, attiraient parfois Mathilde derrière le rideau de la fenêtre. En regardant d'une certaine façon sous le bord de son chapeau, il apercevait la taille de Mathilde sans voir ses yeux. Elle ne peut voir les miens, se disait-il, et *ce n'est point là la regarder*.

Madame de La Mole a raison, se dit la maréchale, ce jeune prêtre a de la distinction. Dans le fait, tout ce que l'on rencontre dans cette maison est bien léger. Ce jeune homme aura su voir la différence ; il écrit bien ; mais

le portier, le concierge
furtivement, de façon à échapper à l'attention ; discrètement
une écurie, un bâtiment où logent les chevaux
expressément, formellement ; en termes clairs
ce n'est point là la regarder, ici : de cette façon je ne la regarde pas vraiment

je crains fort que cette demande de l'éclairer de mes conseils qu'il me fait dans sa lettre, ne soit au fond qu'un sentiment qui s'ignore soi-même. S'endormir en transcrivant une lettre, le lendemain aller la porter d'un air mélancolique, remettre le cheval à l'écurie avec l'*espérance* d'apercevoir la robe de Mathilde, travailler, le soir paraître à l'Opéra quand madame de Fervaques ne venait pas à l'hôtel de La Mole, tels étaient les événements monotones de la vie de Julien. Elle avait plus d'intérêt quand madame de Fervaques venait chez la marquise; alors il pouvait *entrevoir* les yeux de Mathilde sous une aile du chapeau de la maréchale.

Au total, sa vie était moins affreuse que lorsque ses journées se passaient dans l'inaction.

Un matin, on remit une lettre à Julien; il reconnut les armes de madame de Fervaques: ce n'était qu'une invitation à dîner.

Je produis une impression, se dit-il. C'était le contraste de l'apparente légèreté de ses propos avec la profondeur sublime de ses lettres qui l'avait fait distinguer. La longueur des phrases plaisait surtout à la maréchale. Cette dame était profondément frappée de tout ce qui

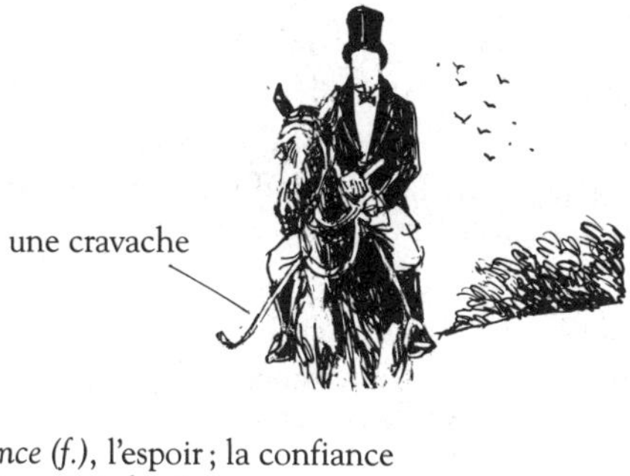

l'espérance (f.), l'espoir; la confiance
entrevoir, voir à demi

ressemblait à une *nouveauté*; mais en même temps elle croyait se devoir à elle-même d'en être offensée.

Pendant tout le temps *usurpé* dans la vie de Julien par l'épisode Fervaques, mademoiselle de La Mole avait besoin de *prendre sur elle* pour ne pas songer à lui. Quelquefois elle *se flattait de* mépriser ce jeune homme si triste; mais, malgré elle, sa conversation la *captivait*.

Toutefois, Julien avait des journées affreuses. C'était pour accomplir le plus pénible des devoirs qu'il paraissait chaque jour dans le salon de la maréchale. Ses efforts pour jouer un rôle achevaient d'ôter toute force à son âme. Chaque jour il voyait Mathilde au déjeuner et à dîner. D'après les lettres nombreuses que lui dictait M. de La Mole, il la savait à la veille d'épouser M. de Croisenois. Déjà cet aimable jeune homme paraissait deux fois par jour à l'hôtel de La Mole.

Quelle garantie peut-elle me donner avec son caractère ? Hélas ! je manquerai d'élégance dans mes manières, ma façon de parler sera lourde et monotone. Grand Dieu ! Pourquoi suis-je moi ?

Un jour madame de Fervaques se décida subitement à répondre à Julien. – Il faut, dit-elle le soir à Julien d'un air fort sec, que vous m'apportiez des enveloppes sur lesquelles il y aura votre adresse.

Le soir même il apporta des enveloppes, et le lendemain il eut la lettre. Peu à peu on prit la douce habitude d'écrire presque tous les jours. Julien répondait par des

une nouveauté, ce qui est nouveau; ici: l'originalité
usurper, arriver à posséder sans droit
prendre sur soi, employer toute sa force
se flatter de, prétendre pouvoir
captiver, charmer; enchanter

copies fidèles des lettres russes. Madame de Fervaques n'était point étonnée du peu de rapport des réponses avec ses lettres.

Un matin Mathilde vit la lettre et l'écriture de Julien.

– Voilà ce que je ne puis souffrir, s'écria Mathilde ; vous m'oubliez tout à fait, moi, qui suis votre épouse. Votre conduite est affreuse, Monsieur. Elle fondit en larmes et bientôt parut à Julien hors d'état de respirer.

Le premier instant où Julien s'aperçut de ce mouvement, fut de joie extrême. Le second fut une pensée pour Korasoff : je puis tout perdre par un seul mot.

La froideur de Julien redoubla le malheur d'orgueil qui déchirait l'âme de mademoiselle de La Mole. Elle ne put se résoudre à le regarder, elle tremblait de rencontrer l'expression du mépris. Elle était *en proie aux* plus vives douleurs que l'orgueil et l'amour puissent faire éprouver à une âme humaine.

– Ah ! pardon, mon ami, ajouta-t-elle en se jetant à ses genoux, méprise-moi si tu veux, mais aime-moi, je ne puis plus vivre *privée de* ton amour. Et elle *tomba* tout à fait *évanouie.*

– La voilà donc, cette *orgueilleuse*, à mes pieds ! se dit Julien.

Au milieu de tous ces grands mouvements, Julien était plus étonné qu'heureux. Il releva Mathilde, et sans mot dire la replaça sur le divan. Peu à peu les larmes la gagnèrent.

en proie à, tourmenté par
privé de, sans
tomber évanoui, perdre connaissance
orgueilleux, qui manifeste de l'orgueil ; fier

– Répondez-moi, du moins, dit enfin Mathilde du ton de voix le plus suppliant, mais sans oser regarder Julien. Vous savez bien que j'ai de l'orgueil ; c'est le malheur de ma position et même de mon caractère, je l'avouerai ; madame de Fervaques m'a donc enlevé votre coeur.

Elle *tressaillit* d'horreur quand, le soir au salon, un laquais annonça madame de Fervaques. Elle ne put soutenir la vue de la maréchale et s'éloigna rapidement.

Oserai-je dire qu'en rentrant dans sa chambre, Julien se jeta à genoux et couvrit de *baisers* les lettres d'amour données par le prince Korasoff ?

– Il savait bien que le lendemain, dès huit heures du matin, Mathilde serait à la bibliothèque ; il n'y parut qu'à neuf heures, brûlant d'amour, mais sa tête dominait son coeur.

Quand la *douceur* de Mathilde, qu'il observait avec étonnement, et l'*excès* de son dévouement étaient sur le point de lui ôter tout *empire* sur lui-même, il avait le courage de la quitter brusquement.

Pour la première fois Mathilde aima. Soumise avec lui, elle n'en montrait que plus de hauteur envers tout ce qui dans la maison l'approchait, parents ou valets. Le soir au salon, au milieu de soixante personnes, elle appelait Julien pour lui parler en particulier et longtemps.

Sa conduite envers MM. de Croisenois, de Luz, etc. ..., parfaitement polie pour la forme, n'était guère moins provocante au fond.

tressaillir, avoir un choc psychologique
un baiser, l'action d'embrasser
la douceur, l'amabilité
l'excès (m.), l'exagération
l'empire (m.), le pouvoir ; l'autorité

Aujourd'hui, à peine un de ces messieurs lui parlait-il quelques instants, qu'elle se trouvait avoir une question à faire à Julien, et c'était un prétexte pour le retenir auprès d'elle.

XII

Elle se trouva *enceinte* et l'apprit avec joie à Julien.

– Maintenant douterez-vous de moi ? N'est-ce pas une garantie ? Je suis votre épouse à jamais.

Cette annonce frappa Julien d'un étonnement profond. Il fut sur le point d'oublier le principe de sa conduite. Comment être froid et offensant envers cette pauvre jeune fille qui se perd pour moi ?

– Je veux écrire à mon père, lui dit un jour Mathilde ; c'est plus qu'un père pour moi ; c'est un ami.

– Grand Dieu ! qu'allez-vous faire ? dit Julien effrayé.

– Mon devoir, répondit-elle avec des yeux brillants de joie. J'ai vu le devoir, il faut le suivre, et à l'instant.

C'était avec bonheur que la partie tendre de l'âme de Julien saisissait le prétexte de l'état où se trouvait Mathilde pour *se dispenser de* lui adresser des mots cruels. L'*aveu* à M. de La Mole l'agita profondément. Allait-il être séparé de Mathilde ?

Il avait une horreur presque égale des justes reproches que le marquis pouvait lui adresser.

Le mardi fatal arriva. A minuit, en rentrant, le marquis trouva une lettre avec l'adresse qu'il fallait pour qu'il l'ouvrît lui-même.

être enceinte, attendre un bébé ; être en état de grossesse
se dispenser de (+ infinitif), se permettre de ne pas
l'aveu (m.), l'action d'avouer certains faits

– Que faire ? se disait Julien pendant que M. de La Mole lisait cette lettre.

Il fut brusquement interrompu par le vieux valet de chambre de M. de La Mole.

– Le marquis vous demande à l'instant, vêtu ou non vêtu.

Le valet ajouta à voix basse en marchant à côté de Julien : – Il est hors de lui, prenez garde à vous.

Julien trouva le marquis furieux : pour la première fois de sa vie, peut-être, ce seigneur fut de mauvais ton.

– Monstre ! s'écria le marquis. Le jour où vous l'avez trouvée aimable, vous deviez fuir ! Quoi ! ma fille s'appellera madame Sorel ! Quoi ! ma fille ne sera pas duchesse ! Votre devoir était de fuir …

– Tuez-moi, dit Julien, ou faites-moi tuer par votre valet de chambre. Il est une heure du matin, je vais me promener au jardin vers le mur du fond.

– Allez à tous les diables, lui cria le marquis comme il s'en allait.

– Je comprends, pensa Julien. Qu'il me tue, c'est une satisfaction que je lui offre … Mais, *parbleu*, j'aime la vie … Je me dois à mon fils. Il ne me reste que le sombre abbé Pirard. Un *coquin* de jésuite connaîtrait le monde.

Le lendemain Julien trouva, à son grand étonnement, que l'abbé n'était pas trop surpris de sa confidence. J'ai peut-être des reproches à me faire, se disait l'abbé. J'avais cru deviner cet amour. Mon amitié pour vous, petit malheureux, m'a empêché d'avertir le père …

– Que va-t-il faire ? lui dit vivement Julien. Il peut m'éloigner. S'il me dit : Allez à Edimbourg, à New-York,

parbleu, une sorte de jurement
coquin, le contraire de naïf

j'obéirai. Alors on peut cacher la position de mademoiselle de La Mole; mais je ne souffrirai point qu'on supprime mon fils.

A Paris, Mathilde résista avec fermeté à tous les projets prudents de son père. Elle ne voulut jamais établir la *négociation* sur d'autres bases que celles-ci: Elle serait madame Sorel, et vivrait pauvrement avec son mari en Suisse, ou chez son père à Paris. Elle repoussait bien loin la proposition d'un *accouchement clandestin*. – Alors commencerait pour moi la possibilité du *déshonneur*. Deux mois après le mariage, j'irai voyager avec mon mari, et il nous sera facile de supposer que mon fils est né à une époque *convenable*.

Cette fermeté finit par donner des doutes au marquis. Dans un moment d'*attendrissement*: – Tiens ! dit-il à sa fille, voilà une inscription de dix mille livres de rente, envoie-la à ton Julien, et qu'il me mette bien vite dans l'impossibilité de la reprendre.

Pour obéir à Mathilde, Julien avait fait quarante lieues inutiles; il était à Villequier, réglant les comptes des *fermiers*; ce bienfait du marquis fut l'occasion de son retour. Il alla chez l'abbé Pirard, qui, pendant son absence, était devenu l'allié le plus utile de Mathilde. Toutes les fois qu'il était interrogé par le marquis, il lui prouvait que tout autre parti que le mariage public serait un crime aux

la négociation, l'action de discuter pour arriver à un accord
un accouchement, l'action de mettre au monde un enfant
clandestin, secret
le déshonneur, le contraire d'honneur
convenable, qui est en accord avec les convenances
l'attendrissement (m.), mouvement de tendresse, de pitié
un fermier, une personne qui tire profit d'une ferme

yeux de Dieu. Deux ou trois amis de M. de La Mole pensaient comme l'abbé Pirard.

Qui l'eût pu prévoir ? se disait le marquis. Une fille d'un caractère si altier, d'un génie si *élevé*, plus fière que moi du nom qu'elle porte ! dont la main m'était demandée par tout ce qu'il y a de plus *illustre* en France !

Ce siècle est fait pour tout confondre ! nous marchons vers le chaos.

Après quelques semaines, Julien commença à deviner que M. de La Mole n'avait, dans cette affaire, aucun plan arrêté.

Madame de La Mole et toute la maison croyaient que Julien voyageait en province pour l'administration des terres ; il était caché au *presbytère* de l'abbé Pirard, et voyait Mathilde presque tous les jours ; elle, chaque matin, allait passer une heure avec son père, mais quelquefois ils étaient des semaines entières sans parler de l'affaire qui occupait toutes leurs pensées.

– Je ne veux pas savoir où est cet homme, lui dit un jour le marquis ; envoyez-lui cette lettre. Mathilde lut :

« Les terres de Languedoc rendent 20.600 francs. Je donne 10.000 francs à ma fille, et 10.000 francs à M. Julien Sorel. Je donne les terres mêmes, *bien entendu*. Dites au notaire de dresser deux actes et de me les apporter demain ; après quoi, plus de relation entre nous. »

« Le marquis de La Mole. »

élevé, haut
illustre, célèbre ; fameux
le presbytére, l'habitation du curé ; la maison du curé
bien entendu, naturellement ; bien sûr

– Je vous remercie beaucoup, dit Mathilde gaiement. Nous allons nous fixer au château d'Aiguillon, entre Agen et Marmande. On dit que c'est un pays aussi beau que l'Italie.

Julien, lui, n'était plus l'homme sévère et froid que nous avons connu. La destinée de son fils absorbait toutes ses pensées. Cette fortune imprévue et assez considérable pour un homme si pauvre en fit un ambitieux. Pour Mathilde, tous ses sentiments étaient absorbés dans son adoration pour son mari. Sa grande, son unique ambition était de faire reconnaître son mariage.

L'âme du marquis fut jetée dans un étrange *embarras*. Il fallait donc à la fin prendre un parti. Cependant l'habitude l'emporta, il résolut de gagner du temps et d'écrire à sa fille. Car on s'écrivait d'un côté de l'hôtel à l'autre. M. de La Mole n'osait discuter avec Mathilde et lui tenir tête.

Lettre

« Voici un *brevet* de lieutenant de *hussards* pour M. le *chevalier* Julien Sorel de La Vernaye. Vous voyez ce que je fais pour lui. Ne me contrariez pas, ne m'interrogez pas. Qu'il parte dans vingt-quatre heures pour se faire recevoir à Strasbourg, où est son régiment. »

Mathilde voulut profiter de la victoire et répondit à l'instant :

« Je n'enverrai le brevet à M. de La Vernaye que si vous me donnez votre parole que, dans le courant du mois prochain, mon mariage sera *célébré* en public, à Ville-

l'embarras (m.), la difficulté ; l'ennui
un brevet, un diplôme officiel ; un certificat officiel
un chevalier, un titre de noblesse au-dessous du baron
célébrer, marquer par une cérémonie ; fêter

quier. Votre fille ne pourra paraître en public qu'avec le nom de madame de La Vernaye. Que je vous remercie, cher papa, de m'avoir sauvée de ce nom de Sorel », etc., etc.

Le soir, lorsqu'elle apprit à Julien qu'il était lieutenant de hussards, sa joie fut *sans bornes*.

un hussard

Après tout, pensait-il, mon roman est fini, et à moi seul tout le mérite. J'ai su me faire aimer de ce monstre d'orgueil, ajoutait-il en regardant Mathilde ; son père ne peut vivre sans elle, et elle sans moi.

Julien ne répondait qu'à demi à la vive tendresse que Mathilde lui témoignait. Il restait silencieux et sombre. Jamais il n'avait paru si grand, si adorable aux yeux de Mathilde. Après un aussi grand bonheur, comment expliquer l'air sévère de Julien ? Elle n'osa l'interroger.

Peu de jours après, le quinzième régiment de hussards, l'un des plus brillants de l'armée, était en bataille sur la place d'armes de Strasbourg. M. le chevalier de La Vernaye montait le plus beau cheval, qui lui avait coûté

| *sans bornes*, infini ; très grand

six mille francs. Il était reçu lieutenant sans avoir jamais été sous-lieutenant que sous les contrôles d'un régiment dont jamais il n'avait *ouï* parler.

Après cinq ou six jours d'hésitation, l'opinion publique du régiment se déclara en sa faveur. Il y a tout dans ce jeune homme, disaient les vieux officiers, excepté de la jeunesse.

Julien était ivre d'ambition. Il ne pensait qu'à la gloire et à son fils.

Ce fut au milieu de l'ambition la plus *effrénée* qu'il fut surpris par un jeune valet de l'hôtel de La Mole, qui arrivait en courrier.

« Tout est perdu, lui écrivait Mathilde ; *accourez* le plus vite possible. A peine arrivé, attendez-moi dans un fiacre, près de la petite porte du jardin, au n° ... de la rue ... J'irai vous parler. Tout est perdu ; comptez sur moi, vous me trouverez dévouée et ferme. Je vous aime. »

En quelques minutes, Julien obtint une permission du colonel et partit de Strasbourg. Il se jeta dans une *chaise de poste* et arriva au lieu indiqué, près de la petite porte du jardin de l'hôtel de La Mole. Cette porte s'ouvrit, et à l'instant Mathilde se précipita dans ses bras. Heureusement il n'était que cinq heures du matin et la rue était encore déserte.

– Tout est perdu ; mon père, craignant mes larmes, est parti dans la nuit de jeudi. Pour où ? Personne ne le sait. Voici sa lettre ; lisez. Et elle monta dans le fiacre avec Julien.

ouï, entendu
effréné, ici : fou
accourir, venir rapidement
une chaise de poste, une voiture qui assure le transport des voyageurs et du courrier

« Malheureuse fille, je ne *consentirai* jamais à un mariage avec cet homme. Je lui assure dix mille livres de rente s'il veut vivre au loin, hors des frontières de France, ou mieux encore en Amérique. Lisez la lettre que je reçois en réponse aux renseignements que j'avais demandés. L'*impudent* m'avait engagé lui-même à écrire à madame de Rênal. Je vous engage à recouvrir du plus grand secret ce qui doit arriver. Renoncez franchement à un homme *vil*, et vous retrouverez un père. »

– Où est la lettre de madame de Rênal ? dit froidement Julien.

– La voici. Je n'ai voulu te la montrer qu'après que tu aurais été préparé.

Lettre

« Une règle, *qui ne peut faillir*, m'ordonne de *nuire* en ce moment *à* mon prochain, mais afin d'éviter un plus grand scandale. Mais cette conduite, que vous désirez connaître, a été extrêmement condamnable. C'est à l'aide de l'hypocrisie la plus consommée, que cet homme a cherché à se faire un état et à devenir quelque chose. C'est une partie de mon pénible devoir d'ajouter que je suis obligée de croire que M. J. … n'a aucun principe de religion. Couvert par une apparence de *désintéressement* et par des phrases de roman, son grand et unique objet est de parvenir à disposer du maître de la maison et de

consentir à quelque chose, accepter que quelque chose ait lieu
impudent, cynique ; insolent
vil, infâme ; indigne ; bas
qui ne peut faillir, qui produit toujours son effet
nuire à, causer du tort à ; faire tort à
le désintéressement, l'altruisme ; le contraire d'égoïsme

sa fortune. Il laisse après lui le malheur et des regrets *éternels* », etc., etc., etc.

– Je ne puis *blâmer* M. de La Mole, dit Julien après avoir fini la lettre ; il est juste et prudent. Quel père voudrait donner sa fille à un tel homme ! Adieu !

Julien sauta à bas du fiacre, et courut à sa chaise de poste arrêtée au bout de la rue. Mathilde, qu'il semblait avoir oubliée, fit quelques pas pour le suivre ; mais les regards des marchands qui s'avançaient sur la porte de leurs boutiques, la *forcèrent à* rentrer au jardin.

XIII

Julien était parti pour Verrières ; il y arriva un dimanche matin. Il entra chez l'*armurier* du pays et eut beaucoup de peine à lui faire comprendre qu'il voulait une *paire* de pistolets. L'armurier sur sa demande chargea les pistolets.

Julien entra dans l'église neuve de Verrières. Il se trouva à quelques pas derrière le banc de madame de Rênal. La vue de cette femme qui l'avait tant aimé fit trembler le bras de Julien d'une telle façon, qu'il ne put d'abord exécuter son *dessein*.

Il tira sur elle un coup de pistolet et la manqua ; il tira un second coup, elle tomba.

Julien resta immobile, il ne voyait plus. Quand il revint un peu à lui, il se sentit le cou serré ; c'était un gendarme

éternel, qui n'a pas de fin
blâmer, critiquer ; le contraire de louer
forcer à, obliger à
un armurier, une personne qui vend ou répare des armes à feu
une paire de, un ensemble de choses qui vont par deux
un dessein, un projet ; une intention

qui l'arrêtait. Il fut conduit à la prison, on lui mit les fers aux mains, on le laissa seul.

– Ma foi, tout est fini, dit-il tout haut en revenant à lui. Oui, dans quinze jours la guillotine.

Après quelques instants il s'endormit profondément.

Madame de Rênal n'était pas blessée *mortellement*. La balle l'avait frappée à l'épaule et avait été renvoyée par l'os de l'épaule.

Depuis longtemps elle désirait sincèrement la mort. Son malheur était l'absence de Julien; elle l'appelait, elle, le *remords*.

Dieu me pardonnera peut-être de me réjouir de ma mort. Elle n'osait ajouter : Et mourir de la main de Julien, c'est le comble des *félicités*. Elle fit appeler sa femme de chambre.

– Le *geôlier*, lui dit-elle en rougissant beaucoup, est un homme cruel. Ne pourriez-vous pas aller comme de vous-même remettre au geôlier ce petit paquet qui contient quelques louis ? Vous lui direz que la religion ne permet pas qu'il le *maltraite*. Il faut surtout qu'il n'aille pas parler de cet envoi d'argent.

C'est à la circonstance dont nous venons de parler que Julien dut l'humanité du geôlier de Verrières.

Un juge parut dans la prison. – J'ai donné la mort *avec préméditation*, lui dit Julien; j'ai acheté et fait charger les

mortellement, à mort; d'une façon qui entraîne la mort
le remords, le regret; le repentir
la félicité, le bonheur suprême; le plus grand bonheur
le geôlier, le concierge d'une prison
maltraiter, traiter avec violence
avec préméditation, avec le dessein réfléchi d'accomplir une action mauvaise

pistolets chez l'armurier. Je mérite la mort et je l'attends.

Il me reste un ennuyeux devoir à remplir, pensa Julien, il faut écrire à mademoiselle de La Mole.

« Je *me suis vengé*, lui disait-il. Je mourrai dans deux mois. De ce moment, je m'interdis d'écrire et de prononcer votre nom. Ne parlez jamais de moi, même à mon fils : le silence est la seule façon de m'honorer. Permettez-moi la vérité en ce moment : vous m'oublierez. Vous étiez faite pour vivre avec les *héros* du *moyen âge* ; montrez leur ferme caractère. Vous prendrez un faux nom. S'il vous faut absolument le secours d'un ami, je vous *lègue* l'abbé Pirard. Un an après ma mort, épousez M. de Croisenois. Ne m'écrivez point, je ne répondrais pas.

« J.S. »

Je n'ai plus rien à faire sur la terre, se dit Julien, et il s'endormit profondément.

Vers les neuf heures du soir, le geôlier le réveilla en lui apportant à souper.

– Que dit-on dans Verrières ?

– L'amitié que j'ai pour vous, dit le geôlier d'un air faux et doux, m'oblige à parler. Monsieur Julien, qui est bon garçon, sera bien content si je lui apprends que madame de Rênal va mieux.

– Quoi ! elle n'est pas morte ? s'écria Julien hors de lui. Grand Dieu ! elle n'est pas morte ! Et il tomba à genoux, pleurant à chaudes larmes. Ainsi elle vivra ! se disait-il...

se venger, réparer une offense en punissant l'offenseur
un héros, une personne qui montre un courage extraordinaire
le moyen âge, la période comprise entre l'antiquité et la fin du quinzième siècle
léguer, laisser ; donner

Elle vivra pour me pardonner et pour m'aimer …

Le soir, une chaise de poste vint le prendre à minuit. Le matin, lorsqu'il arriva à la prison de Besançon, on eut la bonté de le loger dans l'étage supérieur d'un *donjon*. Son âme était calme. Il ne trouvait rien que de simple dans son affaire: j'ai voulu tuer, je dois être tué. Il pensait rarement à mademoiselle de La Mole. Ses remords l'occupaient beaucoup et lui présentaient souvent l'image de madame de Rênal. Il remerciait le ciel de ne l'avoir pas blessée à mort.

D'ailleurs, se dit-il après quelques jours, la vie m'est agréable; ce séjour est tranquille; je n'y ai point d'ennuyeux, ajouta-t-il en riant, et il se mit à faire la note des livres qu'il voulait faire venir de Paris.

Les portes du donjon s'ouvrirent le lendemain. Julien fut réveillé *en sursaut*. Une femme vêtue en paysanne se précipita dans ses bras, il eut peine à la reconnaître. C'était mademoiselle de La Mole. Julien la trouva fort jolie, il crut encore aimer une reine.

– Ne *te fâche* pas, mon petit Julien, lui dit-elle en l'embrassant. Le secrétaire me prenait pour une jeune ouvrière de Paris, amoureuse du beau Julien. Je lui ai juré que j'étais ta femme, et j'aurai une permission pour te voir chaque jour.

La folie est complète, pensa Julien, je n'ai pu l'empêcher. Et il se livra avec *délices* à l'amour de Mathilde; c'était de la folie, tout ce qu'il y a de plus singulier. Elle lui proposa sérieusement de se tuer avec lui. Elle examinait

un donjon, la tour principale qui dominait le château féodal
en sursaut, d'une manière brusque
se fâcher, se mettre en colère
les délices (f.), le plaisir; le bonheur

son amant, qu'elle trouva bien au-dessus de ce qu'elle s'était imaginé.

Mathilde vit les premiers avocats du pays, qu'elle offensa en leur offrant de l'or ; mais ils finirent par accepter.

Tout dépendait à Besançon de M. l'abbé de Frilair. Mathilde obtint une audience. L'abbé de Frilair fit entendre à Mathilde (sans doute il *mentait*), qu'il pouvait disposer *à son gré* du ministère public, chargé de soutenir l'*accusation* contre Julien. Après que le sort aurait désigné les trente-six *jurés*, il ferait une *démarche* directe et personnelle envers trente jurés au moins.

Plus honnête homme à l'approche de la mort qu'il ne l'avait été pendant sa vie, Julien avait des remords non seulement envers M. de La Mole, mais aussi pour Mathilde. Son *malaise* moral auprès de Mathilde était d'autant plus décidé qu'il lui inspirait en ce moment la passion la plus extraordinaire. Peu lui importait de faire connaître son état à toute la société. Se jeter à genoux pour demander la grâce de Julien, devant la voiture du roi allant au galop, au risque de se faire écraser, était une des moindres *chimères* que rêvait cette imagination *courageuse*.

Julien prenait de l'humeur de ne point se trouver touché de tout cet héroïsme. L'ambition était morte en

mentir, le contraire de « dire la vérité » ; faire un(des) mensonge(s)
à son gré, à volonté
l'accusation (f.), l'action de signaler comme coupable
un juré, le membre d'un jury
une démarche, une tentative pour obtenir quelque chose auprès de quelqu'un
le malaise, l'embarras ; la gêne ; le mal
une chimère, une vaine imagination ; une illusion
courageux, qui a du courage ; le contraire de lâche, de timide

son coeur, une autre passion y était *sortie de ses cendres*; il était amoureux de madame de Rênal. Il trouvait un bonheur singulier quand il pouvait se livrer tout entier au souvenir des journées heureuses qu'il avait passées à Verrières ou à Vergy. Jamais il ne pensait à ses succès de Paris; il en était ennuyé.

Mathilde prononçait avec terreur le nom de madame de Rênal.

– J'ai une grâce à vous demander, lui dit un jour son amant: mettez votre enfant à Verrières, madame de Rênal le surveillera.

– Ce que vous me dites là est bien dur ..., dit Mathilde.

Julien revint à sa pensée:

– Votre fortune et votre génie feront jouer à M. de Croisenois, devenu votre époux, un rôle auquel tout seul il ne saurait atteindre. Il n'a que de la naissance et de la bravoure, et ces qualités toutes seules, qui faisaient un homme accompli en 1729, sont un anachronisme un siècle plus tard, et ne donnent que des prétentions. Il faut encore d'autres choses pour se placer à la tête de la jeunesse française.

– Permettez-moi de vous dire, ajouta-t-il, dans quinze ans vous regarderez comme une folie excusable, mais pourtant comme une folie, l'amour que vous avez eu pour moi ...

Il s'arrêta tout à coup et devint rêveur. Il se trouvait de nouveau vis-à-vis cette idée si choquante pour Mathilde: dans quinze ans madame de Rênal adorera mon fils, et vous l'aurez oublié.

1 *sortir de ses cendres*, renaître

L'avocat, homme de règle et de formalités, croyait que Julien était fou et pensait avec le public que c'était la jalousie qui lui avait mis le pistolet à la main. Un jour, il hasarda de faire entendre à Julien que cette *allégation*, vraie ou fausse, serait un excellent moyen de *plaidoirie*.

– Sur votre vie, monsieur, s'écria Julien hors de lui, souvenez-vous de ne plus *proférer* cet abominable mensonge.

Besançon et tout le département ne parlaient que de cette cause célèbre. Julien ignorait ce détail, il avait prié qu'on ne lui parlât jamais de ces sortes de choses.

Il passait ses dernières journées à se promener sur l'étroite terrasse au haut du donjon, fumant d'excellents cigares que Mathilde avait envoyé chercher en Hollande par un courrier. Madame de Rênal voulut venir à Besançon. Elle écrivit de sa main à chacun des trente-six jurés: « ... Je ne désire qu'une chose au monde, c'est que M. Sorel soit sauvé. Comment pourriez-vous le condamner à mort, tandis que moi, je vis ? ... Mes fils auront l'honneur de vous présenter cette lettre: ce sont des enfants. Ils vous donneront sur ce pauvre jeune homme tous les détails qui seraient encore nécessaires pour vous convaincre de la barbarie qu'il y aurait à le condamner. Bien loin de me venger, vous me donneriez la mort. »

une allégation, une affirmation ; une déclaration
la plaidoirie, ici : la défense
proférer, prononcer

XIV

Enfin parut ce jour, tellement redouté de madame de Rênal et de Mathilde. Toute la province était accourue à Besançon pour voir juger cette cause *romanesque*.

Julien était résolu à ne pas prendre la parole.

– Mon avocat parlera, c'est bien assez, dit-il à Mathilde. Je ne serai que trop longtemps exposé en spectacle à tous mes ennemis.

Bientôt toute son attention fut absorbée par douze ou quinze jolies femmes qui remplissaient les trois balcons au-dessus des juges et des jurés. La plupart étaient jeunes et lui semblaient fort jolies; leurs yeux étaient brillants et remplis d'intérêt. Dans le reste de la salle, la foule était énorme, on se battait aux portes.

On eût dit ce jour-là que Julien n'avait pas vingt ans. A peine assis, il entendit dire de tous côtés: Dieu! comme il est jeune! ... Mais c'est un enfant ... Il est bien mieux que son portrait.

Julien fut content de la mine ferme de son avocat. Pas de phrases, lui dit-il tout bas comme il allait prendre la parole.

A peine l'avocat avait-il parlé pendant cinq minutes que presque toutes les femmes avaient leur mouchoir à la main. Julien se sentait sur le point de verser des larmes. Grand Dieu! que diront mes ennemis?

Il allait céder à l'attendrissement qui le gagnait, lorsque, heureusement pour lui, il surprit un regard insolent de M. le baron de Valenod, son ancien rival auprès de madame de Rênal. Quel triomphe pour cette

1 *romanesque*, passionné à la manière des héros de roman

basse âme, se dit-il. Dieu sait ce qu'il dira de moi à madame de Rênal.

Voilà le dernier de mes jours qui commence, pensa Julien. Il avait dominé jusque-là son attendrissement, et gardé sa *résolution* de ne point parler ; mais quand le président des *assises* lui demanda s'il avait quelque chose à ajouter, il se leva.

« Messieurs les jurés,

Messieurs, je n'ai point l'honneur d'appartenir à votre classe, vous voyez en moi un paysan qui s'est révolté contre la bassesse de sa fortune. Je ne vous demande aucune grâce, la mort m'attend : elle sera juste. J'ai pu *attenter aux jours* de la femme la plus digne de tous les respects, de tous les hommes. Madame de Rênal avait été pour moi comme une mère. Mon crime fut prémédité. J'ai donc mérité la mort, messieurs les jurés. Mais quand je serais moins coupable, je vois des hommes qui voudront punir en moi et décourager à jamais cette classe de jeunes gens qui, nés dans une classe inférieure et en quelque sorte *opprimés* par la pauvreté, ont le bonheur de se *procurer* une bonne éducation, et l'*audace* de se mêler à ce que l'orgueil des gens riches appelle la société.

Voilà mon crime, messieurs, et il sera puni avec d'autant plus de sévérité, que dans le fait je ne suis point jugé par mes *pairs*. Je ne vois point sur les bancs

la résolution, la décision
les assises (f.), la cour d'assises ; le tribunal chargé de juger les causes criminelles
attenter aux jours de quelqu'un, tenter de lui donner la mort
opprimer, écraser ; tyranniser ; empêcher de s'exprimer
procurer, donner
l'audace (f.), le courage ; la bravoure
un pair, une personne égale par la situation sociale

des jurés quelque paysan *enrichi*, mais uniquement des bourgeois *indignés* ...»

Pendant vingt minutes, Julien parla sur ce ton; il dit tout ce qu'il avait sur le coeur.

Une heure sonnait comme les jurés se retiraient dans leur chambre. Aucune femme n'avait abandonné sa place; plusieurs hommes avaient les larmes aux yeux. Comme deux heures venaient de sonner, la petite porte de la chambre des jurés s'ouvrit. M. le baron de Valenod s'avança d'un pas grave et théâtral, il était suivi de tous les jurés. Il toussa, puis déclara qu'en son âme et conscience la déclaration *unanime* du jury était que Julien Sorel était coupable de meurtre avec préméditation; cette déclaration entraînait la peine de mort; elle fut prononcée un instant après.

Julien regarda sa montre; il était deux heures un quart. C'est aujourd'hui vendredi, pensa-t-il. Ce jour est heureux pour le Valenod, qui me condamne. Ainsi, dans trois jours, à cette même heure, je saurai à quoi m'en tenir sur LE GRAND PEUT-ETRE.

En ce moment il entendit un cri et fut rappelé aux choses de ce monde. Il sut plus tard que c'était Mathilde. Comme le cri ne *se renouvela* pas, tout le monde se remit à regarder Julien, auquel les gendarmes cherchaient à faire traverser la foule.

Quelle joie pour le Valenod de se venger de notre ancienne rivalité auprès de madame de Rênal ! ... Je ne la verrai donc plus ! ... Un dernier adieu est impossible

enrichi, devenu riche
indigné, éprouvant un sentiment de colère
unanime, général; commun
se renouveler, recommencer; se produire de nouveau

entre nous, je le sens … Que j'aurais été heureux de lui dire toute l'horreur que j'ai de mon crime !

Seulement ces paroles: Je me trouve justement condamné.

On avait introduit Julien dans une chambre destinée aux condamnés à mort. Il s'endormit. Quelqu'un le réveilla le matin en le serrant fortement. C'était Mathilde.

– Cet infâme Frilair m'a *trahie*, lui disait-elle; la *fureur* l'empêchait de pleurer.

Cette pauvre Mathilde, qui pleure maintenant, ou plutôt qui ne peut plus pleurer, dit Julien en regardant ses yeux rouges …, et il la serra dans ses bras.

Mathilde lui répétait d'une voix éteinte: l'avocat est là dans la pièce voisine pour vous faire signer votre appel.

– Je n'*appellerai* pas … Rien au monde ne peut m'être aussi *désagréable*. Mourons.

La fureur de Mathilde retomba sur Julien, mais ne pouvant rien obtenir de Julien, elle sortit enfin avec l'avocat.

Une heure après, comme il dormait profondément, Julien fut éveillé par des larmes qu'il sentait couler sur sa main. Il entendit un soupir singulier; il ouvrit les yeux, c'était madame de Rênal.

– Ah! je te revois avant que de mourir, est-ce une illusion ? s'écria-t-il en se jetant à ses pieds.

– Daignez me pardonner.

trahir, cesser d'être fidèle à
la fureur, une violente colère
(en) appeler d'un jugement, en réclamer la réforme devant un tribunal supérieur
désagréable, le contraire d'agréable

– Si tu veux que je te pardonne, lui dit-elle en se jetant dans ses bras, appelle tout de suite de ta *sentence* de mort.

Julien la couvrait de baisers.

– Viendras-tu me voir tous les jours pendant ces deux mois ?

– Je te le jure. Tous les jours, à moins que mon mari ne me le défende.

– Je signe ! s'écria Julien. Quoi ! tu me pardonnes ! est-il possible ! A aucune époque de sa vie, Julien n'avait trouvé un moment pareil. En s'interrompant cent fois l'un l'autre, ils parvinrent à grand'peine à se raconter ce qu'ils ignoraient. La lettre écrite à M. de La Mole avait été faite par le jeune prêtre qui dirigeait la conscience de madame de Rênal, et ensuite copiée par elle.

| *la sentence*, le jugement

– Quelle horreur m'a fait commettre la religion ! lui disait-elle ; et encore j'ai *adouci* les passages les plus affreux de cette lettre.

– Dès que je te vois, tous les devoirs disparaissent, je ne suis plus qu'amour pour toi ... A propos, nous quitterons-nous ? lui dit-elle. Si nous mourions tout de suite ?

– Qui sait ce que l'on trouve dans l'autre vie ? répondit Julien ; peut-être des tourments, peut-être rien du tout. Mais tu jures, sur l'amour que tu as pour moi, de n'attenter à ta vie par aucun moyen direct, ni indirect. Songe, ajouta-t-il, qu'il faut que tu vives pour mon fils, que Mathilde abandonnera à des laquais dès qu'elle sera marquise de Croisenois.

– Je jure, reprit-elle froidement, mais je veux emporter ton appel écrit et signé de ta main. J'irai moi-même chez M. le *procureur général*.

Quelque âme *charitable* informa, sans doute, M. de Rênal des longues visites que sa femme faisait à la prison de Julien ; car, au bout de trois jours il lui envoya sa voiture, avec l'ordre exprès de revenir *sur-le-champ* à Verrières.

Pour la première fois la mort parut horrible à Julien. Il pensait à l'état de *putréfaction* où serait son corps deux jours après l'exécution, etc., etc. Il se dit que, si madame de Rênal eût été à Besançon, il lui eût avoué sa faiblesse.

Au moment où il regrettait le plus l'absence de cette

adoucir, rendre moins rude, moins violent
un procureur général, un haut fonctionnaire qui exerce les fonctions du ministère public auprès de certaines cours
charitable (souvent ironique), altruiste
sur-le-champ, aussitôt ; immédiatement
la putréfaction, l'état de décomposition

femme adorée, il entendit le pas de Mathilde. Le pire des malheurs en prison, pensa-t-il, c'est de ne pouvoir fermer sa porte. Tout ce que Mathilde lui dit ne fit que l'irriter. Elle lui dit que, le jour du jugement, M. de Valenod ayant en poche sa nomination de *préfet*, il avait osé se moquer de M. de Frilair et se donner le plaisir de condamner Julien à mort : « Quelle idée a eue votre ami, vient de me dire M. de Frilair, d'aller réveiller et attaquer la petite *vanité* de cette ARISTOCRATIE BOURGEOISE ! Si nous ne parvenons à le sauver par le *recours en grâce*, sa mort sera une sorte de *suicide*.

– Allez écouter une messe pour moi, dit-il à Mathilde, et laissez-moi un instant de paix. Mathilde, déjà fort jalouse des visites de madame de Rênal, et qui venait d'apprendre son départ, comprit la cause de l'humeur de Julien et fondit en larmes, et, enfin, le laissa seul.

Ainsi passèrent cinq longues journées. Julien était poli et doux envers Mathilde qu'il voyait *exaspérée* par la plus vive jalousie. J'oublie de vivre et d'aimer, quand il me reste si peu de temps. Hélas ! madame de Rênal est absente ; peut-être son mari ne la laissera plus revenir à Besançon. Voilà ce qui m'isole, et non l'absence d'un Dieu juste, bon, tout-puissant, point méchant. Ah ! s'il existait, hélas ! je tomberais à ses pieds. J'ai mérité la mort, lui dirais-je ; mais, grand Dieu, Dieu bon, rends-moi celle que j'aime ! Julien se sentait fort et résolu comme l'homme qui voit clair dans son âme.

un préfet, l'administrateur d'un département ou d'une région
la vanité, le caractère de celui qui a une bonne opinion de lui-même sans motif ; l'amour-propre
le recours en grâce, la demande, au chef d'Etat, de renoncer à la peine (de mort)
le suicide, l'action de se donner la mort
exaspérer quelqu'un, l'irriter vivement

Il n'en fut que plus heureux au retour de madame de Rênal.

– Mon premier devoir est envers toi, lui dit-elle en l'embrassant ; je me suis sauvée de Verrières.

Aucune parole ne put rendre l'excès et la folie de l'amour de Julien. Madame de Rênal obtint de le voir deux fois par jour.

Mathilde fit suivre madame de Rênal afin de connaître ses moindres démarches. Elle apprit la mort du marquis de Croisenois. La mort de M. de Croisenois changea toutes les idées de Julien sur l'avenir de Mathilde ; il employa plusieurs journées à lui prouver qu'elle devait accepter la main de M. de Luz. Une jalousie furieuse et impossible à venger, la continuité d'un malheur sans espoir (car, même en supposant Julien sauvé, comment regagner son coeur ?), la honte et la douleur d'aimer plus que jamais cet amant infidèle, avaient jeté mademoiselle de La Mole dans un silence *morne*.

Pour Julien, excepté dans les moments usurpés par la présence de Mathilde, il vivait d'amour et sans presque songer à l'avenir.

Je ne sais quelle amie intrigante était parvenue à persuader à la si naïve madame de Rênal qu'il était de son devoir de partir pour Saint-Cloud, et d'aller se jeter aux genoux du roi Charles X. Elle avait fait le *sacrifice* de se séparer de Julien.

– J'irai au roi, j'avouerai hautement que tu es mon amant ; la vie d'un homme tel que Julien doit l'emporter sur toutes les *considérations*. Je dirai que c'est par jalousie

morne, triste
le sacrifice, ici : le fait de renoncer à quelque chose par amour
les considérations (f.), les idées développées ; les raisonnements

que tu as attenté à ma vie. Il y a de nombreux exemples de pauvres jeunes gens sauvés dans ce cas par l'humanité du jury, ou celle du roi …

– Je cesse de te voir, je te fais fermer ma prison, s'écria Julien, si tu ne me jures de ne faire aucune démarche qui nous donne tous les deux en spectacle au public. Cette idée d'aller à Paris n'est pas de toi. Dis-moi le nom de l'intrigante qui te l'a *suggérée* … Soyons heureux pendant le petit nombre de jours de cette courte vie. Mademoiselle de La Mole a tout crédit à Paris, crois bien qu'elle fait ce qui est humainement possible. N'*apprêtons* point à rire aux Valenod et à mille gens qui valent mieux.

Par bonheur, le jour où on lui annonça qu'il fallait mourir, un beau soleil réjouissait la nature. Marcher au grand air fut pour Julien une sensation délicieuse. Allons, tout va bien, se dit-il, je ne manque point de courage.

Jamais cette tête n'avait été aussi poétique qu'au moment où elle allait tomber.

Mathilde entra, peu d'heures après, dans la petite grotte de la grande montagne qui domine Verrières et où reposait la *dépouille mortelle* de Julien. Elle avait le regard et les yeux *égarés*. Elle se jeta à genoux. Ses mains tremblantes ouvrirent le manteau. Elle allumait plusieurs bougies. Elle avait placé sur une petite table de *marbre*, devant elle, la tête de Julien, et la baisait au front …

suggérer, conseiller ; proposer
(s)apprêter à, (se) préparer à
la dépouille mortelle, le corps d'une personne morte
égaré, troublé
le marbre, une belle piere dure et brillante, souvent utilisée dans certains arts et métiers

Mathilde suivit son amant jusqu'au tombeau qu'il s'était choisi. Vingt prêtres *célébrèrent* le service des morts. Tous les habitants des petits villages de montagne avaient suivi le convoi.

Mathilde voulut *ensevelir* de ses propres mains la tête de son amant.

Madame de Rênal fut fidèle à sa *promesse*. Elle ne cherchait en aucune manière à attenter à sa vie; mais trois jours après Julien, elle mourut en embrassant ses enfants.

célébrer, ici: dire
ensevelir, enterrer
la promesse, l'assurance de faire quelque chose; l'action de promettre

Questions

I. Pourquoi Saint-Giraud quitte-t-il la province ?
De quelle façon est-ce qu'il répare sa « faute » de vivre à la campagne ?
Où va-t-il chercher enfin la « paix champêtre » ?

II. Pourquoi est-ce que l'abbé Pirard croit que le comte Norbert de La Mole méprise Julien ?
Qu'est-ce qui a amené cet abbé à la conclusion que Madame de La Mole est une personne « insignifiante » ?
Quelle est l'offre qu'il se propose de faire à Julien en cas que la maison du marquis de La Mole ne convienne pas à celui-ci ?

III. Qu'est-ce que le marquis constate en lisant des copies faites par Julien ?
Quelle est la première impression de Julien quand il voit Mathilde de La Mole ?

IV. A propos de quel événement est-ce que Mathilde se moque de Julien ?
Qu'est-ce qui choque Julien dans les propos des gens qui se réunissent dans le salon de M. de La Mole ?

V. Pourquoi est-ce que Julien se sent souvent l'envie de pleurer ?
Qu'est-ce qui oblige Julien à passer des journées entières en compagnie de M. de La Mole ?

VI. Qu'est-ce que Mademoiselle de La Mole pense de Julien en le comparant à d'autres personnes de son entourage ?
Et qu'est-ce que Julien pense de Mademoiselle de La Mole ?
Pourquoi est-ce que Mathilde s'ennuie avec les jeunes gentilshommes qui lui font la cour ?

VII. Pourquoi Julien oublie-t-il de plus en plus son rôle de « plébéien révolté » en présence de Mathilde de La Mole ?
Quelle est la seule question que Julien se pose tout le temps ?
Quelle est la réaction du marquis de Croisenois et du comte Norbert quand Mathilde vante Julien en leur présence ?

VIII. Qu'est-ce que Mathilde écrit à Julien ?
Quelle est la réaction de Julien quand il lit cette lettre ?
Pourquoi Julien peut-il parler de la « manie d'écrire » de Mathilde ?
Que fait Julien quand Mathilde lui apprend qu'elle a horreur de s'être « livrée au premier venu » ?

IX. Pourquoi est-ce que Mathilde est sûre de jouer un grand rôle quand elle épousera Julien ?
Et pourquoi est-ce qu'elle va couper tout un côté de ses cheveux ?
Quelle est la réaction de Julien quand Mathilde lui dit qu'elle ne l'aime plus ?

X. Julien doit partir pour Londres. Dans quel but ? De quel genre de conspiration s'agit-il ? Quel serait le rôle des rois étrangers dans cette conspiration ? Et quel serait le rôle du clergé ? Qu'est-ce que le maître de poste et le curé cherchent dans la chambre de Julien ?

XI. Quels sont les trois conseils que le prince Korasoff donne à Julien ? Qu'est-ce que ce prince envoie à Julien ? Qui est Madame de Fervaques ? Qu'est-ce qu'elle pense de Julien ? Qu'est-ce que Mathilde pense de l'attitude de Julien ?

XII. Mathilde est enceinte et elle croit qu'elle doit suivre son « devoir ». Quel est ce devoir ? Quelle est la réaction de Julien ? Quels sont les sentiments de M. de La Mole après la lecture de la lettre de sa fille ? De quoi fait-il enfin cadeau à Mathilde et à Julien ? Quel sera le nouveau nom de Julien et quel brevet est-ce que M. de La Mole lui procure ? Qu'est-ce qui va ruiner le bonheur du jeune couple ?

XIII. De quelle façon Julien se venge-t-il aussitôt ? Quel est le conseil qu'il donne à Mathilde et de quelle façon réagit-elle ?

Quels sont les sentiments de Julien quand il apprend que Madame de Rênal est encore en vie et qu'elle se porte bien ?
Et quel grand sentiment renaît en lui ?
Pourquoi est-ce que Julien ne veut pas se défendre sérieusement en justice ?
Pourquoi est-ce que Mathilde ne prononce le nom de Madame de Rênal qu'avec terreur ?
Quel est le contenu de la lettre que Madame de Rênal envoie aux trente-six jurés ?

XIV. Qui est M. de Valenod ?
Malgré sa décision de ne pas parler, Julien prend quand même la parole devant le tribunal. Pourquoi ?
Malgré les efforts de Mathilde, Julien ne veut pas appeler de la sentence. Pourquoi cette attitude ?
Mais quand Madame de Rênal l'en prie à son tour, il accepte. Pourquoi est-ce que sa réaction est positive cette fois ?
Pourquoi M. de Valenod estime-t-il que la mort de Julien est plutôt un suicide ?
Pourquoi est-ce que Madame de Rênal veut aller au roi ?
Quel est le dernier « devoir » que Mathilde accomplit pour honorer la mémoire de Julien ?
De quelle façon Madame de Rênal trouve-t-elle la mort ?

Activités

I. Donnez, en quelques phrases, le raisonnement qui a amené St. Giraud à parler de la « comédie perpétuelle » qu'est la civilisation du XIXe siècle.

II. Donnez un synonyme des mots et expressions suivants :
la bravoure, l'emporter sur, les appointements, le sot, la hauteur, loger.

III. Combinez les parties de phrase :

1. L'audience	A. l'écriture des adresses.
2. Julien était	B. avait une tête très petite.
3. Le jeune homme	C. ne dura pas trois minutes.
4. Il regardait	D. et on n'exagère pas les petites choses.
5. La marquise se sut bon gré	E. le marquis fit appeler Julien.
6. On parle bas à Paris	F. d'avoir invité l'académicien à dîner.
7. A six heures	G. très bien.

1	2	3	4	5	6	7

IV. Mettez-vous à la place de Julien qui constate que l'ennui se lit sur les fronts de tous les jeunes gens dans le salon de M. de La Mole, et dites son monologue intérieur.

V. Complétez les phrases:

1. A l'école de théologie les professeurs se plaignaient du peu ... de Julien.
2. Souvent, à la fin de ..., Julien se sentait ...
3. Le ton de ... excessive du marquis ... souvent Julien.
4. A cette époque la ... était parfaite dans les ... entre le marquis et Julien.
5. Le marquis voulait anoblir son protégé parce que ...

VI. Faites un dialogue entre Mathilde et le comte de Croisenois en train de danser. Pour chacune des deux personnes deux phrases suffisent.

VII. Donnez le contraire des mots et expressions suivants: un plébéien, pâlir, tant pis, l'avantage, plaisant, le dégoût.

VIII. Mettez-vous à la place de Mathilde et écrivez sa lettre d'amour à Julien en trois ou quatre phrases.

IX. Donnez deux exemples de la lutte entre ces deux caractères: Julien et Mathilde.

X. Faites un petit dialogue entre les deux hommes en train de fouiller dans le coffre de Julien pendant son « sommeil ».

XI. Marquez la réponse correcte d'une croix.
Le prince Korasoff avait écrit ses six volumes de lettres d'amour

☐ pour faire plaisir à Julien.

☐ pour offrir à Julien la main d'une de ses cousines.

☐ pour pouvoir disposer lui-même d'un arsenal de lettres d'amour pour n'importe quel caractère de femme.

☐ pour prouver qu'un Russe sait donner des leçons à un Français.

XII. Mettez-vous à la place de Mathilde et écrivez la lettre dans laquelle elle fait savoir à son père qu'elle est enceinte.

XIII. Dites-le d'une autre façon:

1. Julien ne put d'abord exécuter son dessein.
2. Le malheur de Madame de Rênal était l'absence de Julien, mais elle l'appelait, elle, le remords.
3. Mathilde trouva son amant bien au-dessus de ce qu'elle s'était imaginé.

XIV. Expliquez en quelques phrases le motif de la conduite de Julien peu avant sa mort.